与最聪明的人共同进化

HERE COMES EVERYBODY

CHEERS

好公司都是设计出来的

郑志刚　著

浙江教育出版社·杭州

测一测：你知道如何设计公司的治理制度吗？

- 万科股权之争已成为中国资本市场进入分散股权时代的标志，这是真的吗？（　）

  A. 真

  B. 假

- 中信集团这种由一级级子公司组成的庞大企业集团，就是金字塔式控股结构最常见的形式吗？（　）

  A. 是

  B. 否

- **股权分散有很多原因，比如：（　）**

  A. 险资入市门槛提高，许多险资无法在二级市场举牌

  B. 股权分置改革，股票实现了全流通

  C. 法律对投资者的保护减小，投资结构单一

  D. 拒绝引入民资背景的投资者

扫描左侧二维码查看本书更多测试题

好公司赢在公司治理 制度设计

20 世纪 90 年代，北京中关村的街头有两面醒目的广告，一面是"人类失去联想，世界将会怎样"，另一面是"北大方正，现代毕昇"。让很多人不敢也不愿相信的是，三十多年过去了，拥有国企身份和名校声誉背书的北大方正，居然会有走向破产重整的一天。

作为一家最初致力于解决海南航空运输问题的地方国企，海南航空控股股份有限公司（简称海航）几乎完成了国企改制的所有尝试，甚至还曾引入乔治·索罗斯股权投资，进行今天很多国企正在推进的国有企业混合所有制改革（简称国企混改）。然而，混改后的海航为什么依然难逃折戟沉沙的命运？

更具讽刺意味的是，一直在帮助其他企业进行破产重整的中国华融资产管理股份有限公司（简称中国华融），2020年财报显示亏损1 029.03亿元，反而需要其他企业帮助它进行破产重整。用网友的话说，"处理垃圾资产的公司，自己如今却变成了垃圾"。

通过深入了解，我们发现，北大方正、海航和中国华融这些知名企业之所以走向破产重整，问题并非出在业务模式陈旧、无法适应市场新需求的经营环节，亦非出在人浮于事、冗员众多的管理环节，更不是因为恶意欺诈导致国有资产流失，或者借助高杠杆过度资本扩张，或者偏离高科技本业盲目多元化等表面原因，而是这些企业的治理环节出了问题，公司治理制度不足以约束内部人员恣意妄为。

所谓公司治理，就是通过必要和可能的制度设计，在现代股份公司中帮助彼此陌生的股东与经理人、股东与股东之间，进行专业化分工，在使经理人造就卓越企业、实现人生价值的同时，使股东获得更多的投资回报和财富增长，实现双方合作共赢。北大方正、海航和中国华融暴露出来的问题就是公司治理制度设计不当。

好公司都是设计出来的。帮助读者进行公司治理制度设计，并设计出一家好公司，是撰写本书的目的。

　　基于我二十多年的商业实践观察和商学教育沉淀，本书将告诉读者如何以直面"四种人"为切入点，从"三个层面"进行公司治理制度设计，透过浮华表象，遵循治理逻辑，最终设计出一家好公司来。

　　开展公司治理制度设计，有"四种人"是我们无法绕过去的。这"四种人"分别是虎视眈眈的"野蛮人"、兴风作浪的"金融大鳄"、盘根错节的"中国式内部人"和自视甚高的"创业达人"。

　　从 2015 年开始，中国 A 股上市公司第一大股东的平均持股比例开始低于标志着"一票否决权"和相对控股的 1/3，中国资本市场从此进入分散股权时代。虎视眈眈的"野蛮人"盘桓在家门口，随时准备破门而入。万科股权之争等系列股权纷争就是在上述背景下发生的。

　　无论北大方正还是海航，它们都是复杂金字塔式控股结构下庞大的资本系族。这些资本系族下的公司在一定程度上已经丧失了独立市场主体的地位，退化为隐藏在金字塔式控股结构中的"金融大鳄"手中"一盘大棋中的一枚棋子"。金字塔式控股结构成为中国资本市场的基本金融生态。

　　中国的一些公司尽管存在持股比例并不算小的股东，而且董事长往往不持股，但由于政治关联、社会联结以及文化历史等原因，依然会出现类似于英美股权高度分散治理模式下的内部人控制问题，形成所谓的"中国式内部人"。当"野蛮人"加上"金融大鳄"，再遭遇"中国式内部人"，中国资本市场的公司治理困境就无可避免地出现了。

人类社会正在经历以互联网技术为标志的第四次工业革命，这给今天的公司治理制度设计带来空前的挑战。例如，一款被称为 Snapchat 的图片分享应用，很多投资者只知道它是由两位从美国斯坦福大学辍学的学生开发的，但对这个业务模式究竟如何创造投资回报和它所依赖的现金流却一无所知。而这两位自视甚高的"创业达人"在持有每股投票权高达 10 票的类别股的同时，竟然向外部投资者公开发行无表决权的普通股票。这样的股票我们究竟应该买还是不买？

面对这"四种人"对我们手中资本的威胁，我们应该如何通过公司治理制度设计来加以制衡，以使我们的公司成为基业长青的好公司呢？

本书将从最基本的股权结构设计、最核心的董事会组织和运行以及最重要的经理人薪酬合约设计这三个层面，来告诉大家如何进行公司治理制度设计，以制衡上述"四种人"。

第一层，股东要作为公司治理的权威。

只有股东能够对重要事项以投票表决的方式进行最后裁决，股东才愿意把真金白银投入不提供抵押和担保且由"陌生人"经营管理的公司。股东由此成为公司治理的权威，反映股东持股比例高低的股权结构设计就相应地成为维护股东权益的基础性公司治理制度设计。

作为基础性的公司治理制度设计，股权结构设计可以简单区分为"同股同权构架"和"同股不同权构架"。面对分散股权时代带来的"野蛮人"出没和互联网时代加剧的信息不对称的问题，我们不想丧失控制权，同时又不想把太多的资金沉积在一家公司，我们如何才能做到"鱼和熊掌兼得"呢？

本书将教大家在同股同权构架下，如何通过签署一致行动协议、推出防御型员工持股计划以及在董事会组织中超额委派董事等隐蔽或潜在的方式，加强对公司的控制。

为了顺应互联网时代以业务模式创新为主导的现实诉求，创业团队可以通过直接发行双重股权结构股票，形成同股不同权构架，使投票权的配置权重向创业团队倾斜。形成同股不同权构架，既可以通过直接发行 AB 股，也可以通过推出合伙人制度或者通过形成有限合伙投资协议构架（简称有限合伙构架）等方式变相达成。

本书将教大家如何在只发行一类股票的情况下，通过公司治理制度创新，变相形成同股不同权构架。同时教大家在实现双重股权结构的情况下，如何使投票权的配置权重向创业团队倾斜和保护投资者权益，及如何通过引入"日落条款"保持二者的平衡。

第二层，董事会是公司治理的核心。

董事会是由股东大会按照公司章程相关规定任命的，是代表股东监督经理人，同时向经理人进行战略咨询的公司常设机构。由于董事会作为中间桥梁，把提供资本的股东和使用这些资本创造价值的经理人联结起来，所以董事会通常被当作公司治理的核心。

出于对未能履职将承担法律处罚风险的畏惧，或者出于对自身声誉受损的担心，或者兼而有之，来自公司外部、兼职性质并且挑战成本较低的独立董事与内部董事相比，更有可能在有损股东利益的董事会议案中提出否定性意见，因而独立董事在董事会履行监督职能时扮演着重要角色。

引发舆论热烈关注的康美药业财务造假案，被称为"中国特别代表人诉讼第一案"，它的初衷是以法治的力量打击被视为"资本市场毒瘤"的财务造假行为，但意外"受伤"的却是独立董事和中国独立董事制度。

本书将教大家如何设计独立董事制度，才能在未来中国资本市场真正做到"杰出的独立董事应该以曾经为优秀企业服务为荣，而优秀企业则以能聘请到杰出的独立董事为傲"。

第三层，经理人薪酬合约设计是公司治理的灵魂。

实施经理人股权激励计划，将经理人与股东的利益紧紧捆绑在一起，使经理人"像股东一样思考"，是解决经理人与股东之间代理冲突问题的重要途径之一。在一些证券投资基金中，有限合伙投资协议与经理人股权激励计划一样，成为协调有限合伙人与普通合伙人代理冲突的公司治理制度基础，以至于这些证券投资基金有时并不需要设立董事会。

关注投资安全，我们需要通过股权结构设计确保在关系切身利益的重大事项中拥有决策话语权；我们需要聘请专业的董事会来监督陌生经理人，以防止他损公肥私、中饱私囊；我们还需要思考如何为经理人设计薪酬合约，以激发他的能动性和创造性。

如今许多上市公司都设立了股东大会和董事会等治理机构，忙于推行各种股权激励方案，但这些基本治理机构和相应的治理制度似乎并不能发挥预期的治理作用，导致"治理失败"的结果。

因此，除了从最基本的股权结构设计、最核心的董事会组织和运行以及最重要的经理人薪酬合约设计三个层面学会进行公司治理制度设计的思考之外，我们还需要透过"另类"公司治理实践的浮华表象，探寻更为普遍的治理逻辑和实践原则。

美国"股神"巴菲特控股的伯克希尔·哈撒韦尽管在治理制度的安排形式上并没有严格"固化"，成为公司治理的另类，却取得了良好的治理实效。海航无疑是在形式上刻意模仿这些国家的公司治理范式，是公司治理范式"固化"的典型，但却出人意料地以失败告终。

高科技独角兽、证券投资基金与传统金融机构的公司治理范式和构架设计的实践表明，在具体的公司治理范式和构架设计中，我们需要结合产业特性、业务模式特征以及所面临的真正问题进行灵活改变和相应调整，这是公司治理中"变"的方面。而这些特殊和新兴产业公司治理范式和构架设计的背后始终"不变"的则是"权利与义务匹配""激励相容""治理成本收益权衡"等核心治理原则。

如果在设计公司治理制度时，我们始终能够直面"四种人"的挑战，从"三个层面"入手开展公司治理制度设计来制衡这"四种人"，并时刻提醒自己，透过现象看到公司治理实践中"变"与"不变"之间的治理逻辑，相信一家好公司是不难设计出来的。你准备好设计一家好公司了吗？

目 录

1

TRADEOFF

The Principles of Corporate Governance

第一部分

困扰公司治理制度设计的"四种人"

虎视眈眈的"野蛮人"、兴风作浪的"金融大鳄"、盘根错节的"中国式内部人"和自视甚高的"创业达人"。在开展公司治理制度设计时,我们需要思考如何制衡这"四种人"的力量。

第 **1** 章

盘桓在家门口的
"野蛮人"

TRADEOFF
The Principles of
Corporate Governance

分散股权时代的来临

中国资本市场始于 20 世纪 90 年代初上海证券交易所和深圳证券交易所的设立。长期以来，与英美上市公司股权高度分散不同，中国上市公司的股权相对集中在少数股东的手中，"一股独大"成为典型特征。

在万科股权之争爆发的 2015 年，中国上市公司第一大股东平均持股比例开始低于 1/3。由于各国公司法普遍规定，重大事项需要 2/3 以上的股东表决通过，因此，1/3 的持股比例标志着一票否决权和相对控股。这意味着，中国资本市场在进入 2015 年后，从整体趋势看，相对控股不再是持股的主流，股权结构呈现分散的趋势。

为什么中国资本市场会在 2015 年开始呈现股权分散的趋

势？其中既有内因，也有外因。

内因之一是，从 2005 年到 2007 年，中国资本市场完成了股权分置改革。在早期的资本市场上，一家公司的股票只有一部分是流通股，还有很大比例的股票是非流通股，不能在市场上买卖。但是在股权分置改革完成以后，股票理论上实现了全流通，大股东只要愿意，就可以转让他的股份。

内因之二是，随着外部法律环境的改善和法律对投资者权益保护的增强，原来股权相对集中的主要股东倾向于选择多元化的投资结构，"把鸡蛋放在不同的篮子里"，以分散他在单一公司持股的风险。很多大股东在股权分置改革之后，通过减持变现和股权投资多元化等方式，纷纷减持单一公司的股份。例如，万科原第一大股东华润集团从最初持有较高的股份，一路减持，到宝能集团（简称宝能）旗下的前海人寿举牌万科前，华润持股比例已经下降到 15%。曾一度被恒大集团"快进快出"的梅雁吉祥，被称为 A 股股权结构最分散的公司之一，它的第一大股东持股比例一度仅为 0.29%。

除了内因之外，还有两个重要的外因。

其中一个外因是，2011 年以来，随着险资入市门槛的进一步降低，包括宝能在内的很多险资，开始频频在二级市场举牌，加速了中国资本市场股权分散化的进程。按照监管规定，当一个投资者持有一家上市公司发行的股票数量达到 5% 时，该投资者应该在 3 日内向中国证券监督管理委员会（简称中国证监会）和证券交易所提交书面报告，同时通知该上市公司并予以公告，这就是所谓的举牌。举牌成为一家投资机构在资本市场发起较大规模并购行为的标志，也是引发潜在接管威胁甚至控制权纷争的前兆。

另一个外因则与新一轮国企改制有关。从 2013 年开始，国企混改通过释放国有控股股东的部分股权，引入具有民资背景的战略投资者，实现所有制的混合。这一过程必然导致国有上市公司股权的进一步分散。例如，在被誉为"国企混改第一股"的中国联通的混改中，在引入百度、阿里巴巴、腾讯和京东，即所谓的 BATJ 战略投资者后，母公司联通集团持有的股份比例从原来的 60% 下降到 36.67%。

导致股权分散的 4 个原因

- 内因 1：股权分置改革，股票实现了全流通。

- 内因 2：法律对投资者权益的保护增强，股东倾向选择多元化的投资结构。

- 外因 1：险资入市门槛降低，许多险资频繁在二级市场举牌。

- 外因 2：新一轮国企改制，通过释放国有控股股东的部分股权，引入民资背景的投资者。

在上述两个内因和两个外因的共同推动下，到 2015 年，中国 A 股上市公司第一大股东的平均持股比例已经开始低于标志着"一票否决权"和相对控股的 1/3。万科股权之争等众多股权纷争就是在上述背景下发生的。基于上述观察，我们把 2015 年后中国 A 股上市公司第一大股东平均持股比例低于 1/3 的现象概括为"中国资本市场进入分散股权时代"。而万科股权之争相应地也成为中国资本市场进入分散股权时代的标志。

什么是"野蛮人"

中国资本市场进入分散股权时代意味着什么呢？概括而言，这将意味着中国资本市场将进入"野蛮人"频频出没的时代，会出现比以往更加频繁的举牌和并购，并由此产生大量的股权纷争。

"野蛮人"这个概念来自 20 世纪 90 年代美国作家布赖恩·伯勒（Bryan Burrough）所著《门口的野蛮人》（*Barbarians at the Gate*）一书。书中写道："当董事会正在聚精会神地开会时，人们突然听到一阵急促的敲门声。这个时候有个人闯进来，告诉大家说，'你们的公司已经被收购了，大家可以走了'。"我们把这个不讲礼貌闯进来的人称为"野蛮人"。这里的"野蛮人"泛指通过二级市场公开增持、购买股票的方式，谋取控制权的投资机构或个人。例如，2015 年举牌万科的险

资宝能系 ① 就一度被痛斥为"野蛮人"。

2015 年 7 月 10 日，宝能系通过连续举牌，持股比例增至 15.7%，超过原第一大股东华润集团，成为万科第一大股东，万科股权之争爆发。

面对宝能系的举牌，时任万科董事长的王石和他的管理团队，一方面通过盈安员工持股计划平台增持万科的股票，另一方面在深圳政府的协调下，引入"白衣骑士" ② 深圳地铁集团，积极开展反接管行为。宝能则联手华润集团在股东大会上否决万科董事会与监事会的工作报告，甚至提请召开特别股东大会来罢免王石管理团队。最终在深圳政府的协调下，深圳地铁集团成为万科第一大股东，王石退出董事会，万科股权纷争结束。

控制权纷争的高潮是"宝能血洗中国南玻集团股份有限公司（简称南玻）董事会"。南玻是一家以建筑玻璃生产为主的制造业公司。在企业家曾南的带领下，南玻从一家名不见经传的小企业发展成建筑玻璃行业的龙头企业。但由于第一大股东中国北方工业深圳公司持股比例并不高，它的控制权很快成为

---

① 在中国资本市场，我们习惯把很多采用金字塔式控股结构的企业集团称为资本系族，简称"某某系"。——编者注
② 这里所说的"白衣骑士"指的是通过持有大比例的股份，帮助面临接管威胁的管理团队渡过难关的其他投资机构或个人。——编者注

险资宝能的觊觎对象。在举牌成为大股东后，宝能与原管理团队的经营战略理念发生严重冲突。在新大股东宝能的强势打压下，原南玻管理团队被迫集体辞职，这其中就包括在南玻的发展历史上做出重大贡献的曾南。这一事件被媒体报道为"宝能血洗南玻董事会"事件。

南玻控制权纷争使企业家纷纷站出来谴责"野蛮人"的暴行。格力电器的掌舵人董明珠大声疾呼，"谁破坏实体经济，谁就是罪人"。2016 年 12 月 3 日，当时的中国证监会主席在记者招待会上公开发声，痛批"野蛮人"，一度将这些举牌险资和其他兴风作浪的"金融大鳄"怒斥为"土豪""妖精""害人精"。

"野蛮人"闯入的潜在危害

以险资宝能举牌万科为代表的"险资举牌"，是中国资本市场进入分散股权发展阶段所出现的十分典型而独特的并购现象。我们必须承认，以险资为代表的投资者所扮演的公司治理角色是复杂的。

一方面，"野蛮人"入侵带来的接管威胁传统上被认为是改善公司治理的积极外部力量。这次以险资举牌为特征的并购潮所展示的有限正面价值是在向那些仍然沉浸在"铁饭碗"光环中的经理人发出警示：虽然原来有国资背景的大股东可能不会轻易让你退位，但新入主的股东则可能会使你被迫离职。险资通过举牌，为未来董事会和管理层成员等公司治理制度的变化创造了条件，以此来缓解"内部人"控制问题，抑制大股东对小股东的"隧道挖掘"① 行为，最终带来企业市场和会计绩效的提升。

另一方面，类似于"宝能血洗南玻董事会"的事件无疑会破坏一个企业长期努力所形成的成熟制度和优良文化。美国的并购浪潮不仅使理论界和实务界认识到并购重组在缓解产能过剩方面的重要作用以及接管威胁在改善公司治理方面的重要作用，同时也使人们意识到外部接管对创业团队人力资本投资的巨大威胁。例如，乔布斯同样由于控制权的不当安排，一度被迫离开自己亲手创办的苹果公司。如果能预见辛苦创建的企业未来会轻易地被"野蛮人"入侵，那么，以业务模式创新为特征的创业团队的人力资本投资激励将会大幅度降低。因而，如果不对"野蛮人"入侵设置足够高的门槛，挫伤的将不仅是创业团队人力资本投资的积极性，甚至会阻碍整个社会提升创新的推动力和效率。

万科股权之争使中国资本市场开始意识到"门外野蛮人入侵"的威胁真实存在。宝能通过举牌成为万科的第一大股东后，一度提议召开特别股东大会，罢免以王石为首的万科创业

---

① 一般指大股东通过不易察觉的方式侵占小股东利益。——编者注

团队。由于国有体制对经理人的股权激励计划，甚至经理人收购计划（MBO）推行的相关限制，很多企业家的历史贡献并没有以股权的形式得到认可。当面临资本市场的控制权之争时，他们的反抗不仅显得无力，甚至有些意气用事，这无形中增强了控制权之争的对抗性。由于不具备公司治理的正当性，同时又遭到心怀怨怼甚至意气用事的管理团队的激烈抵抗，加上公众对遭受"野蛮人撞门"威胁的管理团队抱以同情，此时被推上历史前台的险资举牌，注定在中国资本市场的这一发展阶段扮演了并不光彩的角色。

从 2015 年开始，以万科股权之争为标志，中国资本市场进入了一个全新的时代，即分散股权时代。盘桓在家门口，随时准备破门而入的"野蛮人"由此成为我们今后设计公司治理制度绕不过去的一座高山。

公司治理的实践

无实际控制人企业的治理挑战

中国的上市公司在股权结构设计上往往呈现出"一股独大"的治理模式，控股的大股东在股东大会议案表决和董事会的组织中扮演着举足轻重的角色。在以复杂的金字塔式控股结构作为基本金融生态的中国资本市场，这些公司控股股东背后往往存在着处在金字塔式控股结构顶端的实际控制人。控股股东在股东大会的提案表决行为往往是实际控制人意志的体现。

2005 年修订的《中华人民共和国公司法》（简称《公司法》）中首次引入了"实际控制人"概念。实际控制人需要具有以下特征：

- 能够实际支配公司行为；

- 可通过包括投资关系、协议或其他安排等方式取得控制权；

- 适合自然人、法人或其他组织等多样化主体。

中国大多数上市公司都具有明确的控股股东及实际控制人。从这个实际出发，目前中国公司治理理论和实务界，主要围绕"存在实际控制人的公司如何设计治理制度"开展研究和思考，实际控制人成为目前中国资本市场制度背景下公司治理制度建设的重要抓手。例如，国企混改强调国有资本监管体系从"管企业"向"管资本"转化，就是从国务院国有资产监督管理委员会（简称国资委）是国企的实际控制人这一治理实际出发的。

然而，随着中国资本市场分散股权趋势的出现和并购重组市场的活跃，我们注意到，近年来中国为数不少的上市公司发布公告称自己"无实际控制人"。从 2005 年到 2021 年，中国资本市场"无实际控制人"企业占比从 1.67%，逐年上升至 6.46%。如图 1-1 所示。

图1-1　2005—2021年，中国资本市场"无实际控制人"企业占比情况

事实上，从 2007 年完成股权分置改革，中国资本市场进入全流通时代后，中国上市公司就出现了股权分散的趋势。我们认为，中国资本市场以2015年发生的万科股权之争为标志，开始进入分散股权时代。因此，在 2007 年股权分置改革完成后，中国资本市场开始出现的股权分散趋势与这里的"无实际控制人"现象相吻合，成为一种股权分散的极端典型。而传统上，股权高度分散一直被认为是英美等国公司治理模式的典型特征。

中国一些上市公司无实际控制人确实给公司治理的理论与

实践带来一系列困惑。在理论上，无实际控制人既可能意味着形成相互制衡的公司治理构架，实现真正意义上的股权多元化，避免大股东利用金字塔式控股结构进行"隧道挖掘"，掏空上市公司资源；但无实际控制人也可能意味着股东丧失对企业的实际控制，导致管理层内部人控制问题突出。

而在实践中，实际控制人的有无与公司治理成效没有必然的联系。部分无实际控制人的企业内部治理及经营水平甚至优于有实际控制人的上市公司。例如，中国平安、万科等企业长期没有实际控制人，但由于公司建立了市场化导向的公司治理制度和决策机制，同时管理层中曾经有马明哲、王石这样受到股东信任并且能够对后续董事会制度建设形成足够影响力的灵魂人物，无实际控制人并未影响这类企业公司治理的成效。当然，对于大部分无实际控制人的企业而言，股东之间控制权争夺的拉锯战往往会导致相互扯皮、决策效率低下等后果，不仅贻误公司发展机遇，而且往往更容易招致"野蛮人"入侵。

中国资本市场分散股权时代的来临，必然伴随着更多无实际控制人企业的出现。如何在股权分散甚至无实际控制人的企业建立成熟有效的公司治理构架，显然是上述发展趋势下公司治理理论和实务界需要积极思考的问题。例如，无实际控制人对上市公司的公司治理甚至经营管理会产生什么影响？中国资本市场的投资者和监管当局应该如何应对上述变化？对此，公司治理理论界和实务界目前似乎并没有做好充分的准备。因而，无实际控制人的企业的公司治理问题研究成为当下中国公司治理领域十分重要和紧迫的前沿问题。

　　控股股东存在的治理构架和治理效果，为思考无实际控制人的公司治理问题提供了比较基准。一方面，控股股东及其背后的实际控制人的存在，抑制了股东监督经理人的"搭便车"倾向，加强了对经理人的监督，缓解了现代股份公司经营权与所有权两权分离下的代理冲突；另一方面，控股股东及其背后的实际控制人借助金字塔式控股结构、交叉持股等方式形成控制权与现金流权的分离，掏空挖掘上市公司的资源，损害了中小股东的利益。如何在抑制控股股东及其背后的实际控制人利益侵占行为的同时，又能有效抑制管理层的机会主义行为，成为有实际控制人的企业设计公司治理制度需要权衡的两个方面。

　　而无实际控制人意味着，尽管企业不再面临控股股东及其背后实际控制人的利益侵占，但同时也不再具有股东强有力的监督，公司的实际控制权将由管理层主导和掌控，由此导致出现内部人控制问题。因而，防范管理团队的内部人控制问题是无实际控制人的企业设计公司治理制度的一条战线。与此同时，由于缺乏实际控制人，企业分散的股权结构往往更容易招致"野蛮人"入侵。因此，防范"野蛮人"入侵引发的股权纷争，成为无实际控制人的企业设计公司治理制度的另一条战线。

　　围绕防范内部人控制问题，无实际控制人的企业的公司治理要基于绩效考核的选聘和退出制度，建立规范的管理团队，通过提高董事会中独立董事的比例和建立严格审核外部聘请的独立审计机构等制度，加强对上市公司的监督，必要时建立"金降落伞"等制度，以赎买的方式避免内部人控制对股东利益造成更大的损害。

而对于防范外部"野蛮人"入侵的问题，公司一定程度上可以通过章程的修改、增加外部接管成本等方式，使"野蛮人"知难而退。例如，可以在董事更迭中引入限制改选条款等，规定每次更换董事的最高比例。这些反收购条款一方面可以成为防止外部"野蛮人"入侵的有力武器，另一方面也可能成为管理团队维持内部人控制格局的潜在工具。

无实际控制人表征的股权分散化趋势事实上对中国资本市场的投资者权益保护和监管提出了更高的要求。一方面，我们要通过逐步完善已经引入的代表人集体诉讼制度和举证倒置制度，来使股东运用法律武器维护自身的权益；另一方面，我们需要引入各种来自市场的潜在外部治理机制，来扮演积极的公司治理角色。例如，瑞幸咖啡财务造假的最早的发现者，既不是受股东委托专业负责监督上市公司的董事，也并非外部聘请的会计师事务所，而是试图通过做空牟利的做空机构——浑水调研公司。因而，未来中国资本市场在如何培育包括做空机构、投票代理机构等在内的市场监督力量和外部公司治理机制方面，具有很大的发展空间。

需要说明的是，中国上市公司除了股权分散，确实没有真正的无实际控制人的企业，还有部分企业为了规避监管，实际控制人在持股信息披露上"隐藏所有权"信息,造成无实际控制人的假象。实际控制人需要严格履行信息披露及其他法定义务,《公司法》和相关监管规定对此有明确要求。此外,一些无实际控制人情形的出现是由于上市公司进行资产重组、引入战略投资者、非公开发行股票而导致的。

    概括而言,"无实际控制人"现象向公司治理理论、实践和监管政策的制定提出了严峻挑战,这是中国资本市场近年来出现的突出的公司治理现象之一,需要公司治理理论界与实务界引起高度重视。中国资本市场的健康持续发展,需要确保上市公司在不同的股权结构或者无实际控制人存在的状态下,建立保护中小股东权益的有效的公司治理制度。而这一探索将为未来中国资本市场进行股权结构高度分散、资本高度社会化下新的公司治理理论的构建和实践带来有益的借鉴和启发。

第 2 章

隐藏在金字塔式控股结构
中的"金融大鳄"

TRADEOFF
The Principles of
Corporate Governance

无处不在的金字塔式控股结构

一些朋友喜欢投资，他们可能会选择中国最大的基金公司——华夏基金去购买基金和进行后续的交易活动；一些朋友喜欢看足球，他们可能是北京国安集团国安球队的球迷；还有一些人喜欢喝红酒，他们可能会购买烟台葡萄酒业生产的葡萄酒。尽管这些企业名称中并未出现"中信"的字样，但其实它们都隶属于同一个集团，那就是中国中信集团有限公司（简称中信集团）。没有出现"中信"字样，但隶属于中信集团的还有亚洲卫星、长城宽带、宁波港、天地华宇等这些大家耳熟能详的企业。按照"企业预警通"平台提供的数据，截至2022年底，中信集团下属一级子公司 29 家，二级子公司 121 家，三级子公司 218 家，其他子公司共 1 992 家，集团成员共 2 360 家。像中信集团这样由一级级子公司组成的庞大企业集团，采用的就是金字塔式控股结构这种最常见的形式。

概括而言，一个富裕的家族或个人通过持有一家公司的控制性股份，成为这家公司的实际控制人，我们可以称这家公司为母公司。这家母公司进一步持有子公司的控制性股份，子公司进一步控制孙公司，以此类推。这个控股链条看上去就像古埃及的金字塔一样，因此被称为金字塔式控股结构。

其实，除了中信集团，还存在很多采用金字塔式控股结构的企业集团。其中既有国企，也有民企。例如，我们所熟悉的明天系、海航系、恒大系和中植系等就是民企金字塔式控股结构的例子，而中信系、中化系和中粮系等则是国企金字塔式控股结构的例子。

就像在我们身边随处可见中信集团的影子一样，三星集团的影子在韩国人民的日常生活中更是无处不在。三星集团从1938年创立至今，业务覆盖近70个国家和地区。韩国最大的电子公司三星电子，韩国最大的人寿保险公司三星生命，建造了迪拜塔、吉隆坡双子塔的三星物产，这3家进入《财富》世界500强的企业，以及世界十大造船厂之一的三星重工等70多家子公司都属于三星集团。三星集团的营业收入常年占韩国国内生产总值的1/5以上，出口占韩国出口产品份额的1/4以上。

接下来，我们通过由中国香港李嘉诚家族控股的长江和记实业有限公司（简称长和）的案例，来了解金字塔式控股结构是如何对企业集团成员进行控制的。

李嘉诚家族实际拥有长和约 30.39% 的股份，而长江实业（集团）有限公司（简称长江实业）作为长和的全资附属公司，直接持有和记黄埔 49.97% 的股份，而和记黄埔拥有卡文迪斯国际 60% 的股份，卡文迪斯国际又拥有香港电力 34% 的股份。

让我们设想香港电力的资本金只有 1 元，按照持股比例，这 1 元中来自卡文迪斯国际的只有 0.34 元；而在卡文迪斯国际投到香港电力的 0.34 元中，持股占 60% 的和记黄埔投了 0.20 元；在和记黄埔投到香港电力的 0.20 元中，持股约占 50% 的长江实业投了 0.10 元；李嘉诚家族拥有长和约 30% 的股份，这意味着在长江实业投到香港电力的 0.10 元中，李嘉诚家族只拿出了 0.03 元。

被我的朋友称为"李嘉诚的电厂"的香港电力，其实在其 1 元的资本金中，李嘉诚家族仅仅投了 0.03 元。这意味着香港电力如果发生亏损，李嘉诚家族在 1 元的亏损中只亏 0.03 元。

但是，李嘉诚家族利用长达 5 级的金字塔式控股链条（每一节链条的上一级公司持有下一级公司超过 30% 的股份）实现了对香港电力的相对控股。通过金字塔式控股结构，在香港电力股东大会上，李嘉诚家族对有利于家族的议案的影响力不仅超过全都股东的 1/3，同时对不利于家族的议案具有一票否决权。正是在这样的金字塔式控股结构下，1 元资本金中仅有 0.03 元来自李嘉诚家族的香港电力，居然变成了"李嘉诚的电厂"。

哈佛大学教授安德烈·施莱弗（Andrei Shleifer）和他的研究团队在 1999 年完成的一项研究发现，在 27 个富裕国家的 20 家最大的企业中，27% 的企业是以金字塔式控股结构来实现对企业的控制的。金字塔式控股结构下庞大的资本系族由此成为今天很多资本市场不得不面对的基本金融生态，其中包括中国在内。

那些处于金字塔式控股结构顶端的富裕家族或个人，我们可以称之为最终所有者或实际控制人，通俗地说，则可称之为"金融大鳄"。这意味着中小股东不仅受到来自从外部聘请的存在代理冲突的职业经理人带来的利益损害，而且受到同一家企业大股东的利益剥削。

那么，金字塔式控股结构下的企业的大股东是如何剥削中小股东的？我们应该怎样认识和理解金字塔式控股结构这一中国资本市场的基本金融生态呢？

金字塔式控股结构的症结所在

在前面提到的香港电力的案例中，我们看到在香港电力的资本金中，每 1 元资本金中李嘉诚家族只出了 0.03 元，但通过金字塔式控股结构，他们却实现了对香港电力的相对控制。

李嘉诚家族实际投入香港电力的资金决定着分红比例并反映其责任承担能力，我们可以称之为现金流权。我们把李嘉诚家族对在香港电力股东大会上通过议案的影响力称为实际控制权。不难发现，金字塔式控股结构的症结可以被概括为现金流权与实际控制权的分离。李嘉诚家族在香港电力的现金流权仅为 3%（该公司资本金 1 元中的 0.03 元），但其实际控制权却超过总体的 30%。

理论上，李嘉诚家族可以利用其在香港电力的实际控制权引导或迫使股东大会表决批准香港电力以资金占用、贷款担保的方式，将香港电力的部分资源转移到香港电力的上一级控股公司卡文迪斯国际；李嘉诚家族也可以采用同样的方式，将卡文迪斯国际的部分资源转移到更上一级的和记黄埔，以此类推。

在金字塔式控股结构中，李嘉诚家族的上一级公司的现金流权高于下一级公司。如果 100 万元待分配利润直接由香港电力进行股利分配，那么按照在香港电力的现金流权，李嘉诚家族只能拿到 3 万元。但如果利用实际控制权把这 100 万元待分配利润转移到上一级公司，甚至直接从长和中分配，那么按照在长和的现金流权，李嘉诚家族拿到的就不只是 3 万元，而是30 万元。

利用实际控制权，把由香港电力创造的 100 万元待分配利润通过金字塔式控股结构转移资源的后果是，香港电力公司的外部分散股东无法按照持股比例分享这 100 万元待分配利润，这使得外部分散股东的利益受到损害。这种看上去像隧道一样逐级转移子公司和孙公司资源的行为就是所谓的"隧道挖掘"或叫"掏空行为"。

当然，这里只是从理论上说明李嘉诚家族具有挖掘掏空香港电力资源的可能性。事实上，一方面，资本市场监管当局对资金占用和抵押担保等行为会进行严格审查和限制；另一方面，董事会同样会对关联交易做出评估和审查，其中独立董事还需要发表独立意见，而且上述文件都需要向资本市场进行充分的信息披露。

更重要的是，声誉卓著的李嘉诚家族不仅不会掏空香港电力，反而会在香港电力遭遇困难时，用家族实力庞大的资金力量为香港电力雪中送炭，使香港电力的外部分散股东从中受益。我们把李嘉诚家族用自有资金帮助和记黄埔，进而帮助香港电力摆脱财务困境，避免破产清算，从而使香港电力的外部分散股东从中受益的行为称为支撑行为。

1998 年亚洲金融危机期间，三星集团用自有资金拯救濒临破产的子公司三星动力，使后者免于破产清算，就是金字塔式控股结构下最终所有者支撑行为的一个典型案例。

支撑行为的出现使很多人觉得金字塔式控股结构的存在也许并不那么令人厌恶，毕竟，大树底下好乘凉。企业集团成员的财务危机在扩散到全社会之前,"谁家的孩子谁抱走",在集团内部就成功化解了。金字塔式控股结构由此成为企业集团风险防范和化解中的一种自我解决和自我救助的途径。

同样的一个金字塔式控股结构既可能存在最终所有者对子公司、孙公司的"隧道挖掘",也可能存在最终所有者对子公司、孙公司的支撑救济,帮助子公司和孙公司渡过难关,这是金字塔式控股结构的复杂之处。

至于最终所有者为什么会自掏腰包支撑接济子公司、孙公司渡过难关,其动机似乎更加复杂。一些学者一针见血地指出,最终所有者之所以那样做,是因为只有让这些子公司和孙公司生存下来,未来才具有对其进行"隧道挖掘"的可能性。换句话说,在金字塔式控股结构下,最终所有者今天对子公司、孙公司的支撑接济是为了明天对其进行"隧道挖掘"。

当然,我们并不应该,也无法排除最终所有者出于家族荣誉、社会责任或企业家担当等因素而做出支撑行为的可能性。

现金流权和实际控制权分离很可怕

金字塔式控股结构作为基本金融生态,将会给公司治理制度设计带来哪些挑战呢?除了在前面提到的掏空行为和支撑行为这两种复杂的效应外，金字塔式控股结构还为资本市场带来了以下三方面的负面效应。

其一，隐藏在金字塔式控股结构下的"金融大鳄"偏好资本运作，甚至市场炒作，加剧了金融市场的波动，推动企业"脱实向虚"。

由于责任承担与权利享有的不对等，"金融大鳄"只需要承担资本运作失败的成本的一小部分，亏损更多地由子公司外部分散股东来共同承担，这些"金融大鳄"因此有动机频繁以资产置换、增发新股、并购重组等为题材进行市场炒作和资本运作。

让我们看一看来自媒体公开报道的长城系的实例。通过借壳上市快速控股 3 家 A 股上市公司（长城动漫、长城影视、天目药业），实际控制人在短短两年内构建了长城系。之后他通过资产注入、挪移等资本市场运作方式推高股价，使长城系盛极之时，总市值一度高达 300 亿元。但由于实际控制人过多关注资本运作而忽略了作为企业根基的实业的经营和发展，最终导致 3 家上市公司全面陷入亏损，债台高筑，股权最终被司法拍卖。

2015 年，中国资本市场发生千股跌停的股灾，陷入股权纷争甚至"血洗董事会"的公司治理困境中。其时，被称为"野蛮人"的，除了各路举牌险资，还有隐身在复杂金字塔式控股结构背后的"金融大鳄"。

金字塔式控股结构，在一定程度上成为中国社会经济生活中存在的"脱实向虚"、决定资金流动趋势和导致金融市场出现剧烈波动的潜在制度根源之一。

其二，金字塔式控股结构成为中国散户投机性强的制度诱因。

中国资本市场在投资者构成上以散户居多。近年来，一项关于各国散户投资者平均持股时间的调查显示，中国散户平均持股时间不足 40 天，可谓"投机色彩浓郁"。作为对照，同样是散户，美国投资者的平均持股时间为 1 年 9 个月，而新加坡则高达 2 年 7 个月。那么，中国资本市场散户持股时间短、投机性强的现状是如何形成的呢？

- "金融大鳄"利用复杂的金字塔式控股结构，对子公司、孙公司进行"隧道挖掘"，使得子公司、孙公司外部分散中小股东无法实际参与公司治理，其相应权益无法得到有效保障，被迫选择频繁"以脚投票"。

- 对于非核心控股子公司，"金融大鳄"对资本运作甚至市场炒作的关注程度，远远高于对公司治理和经营管理的关注程度。实际控制人频繁以资产置换、增发新股、并购重组甚至更名等为题材进行炒作。受"金融大鳄"的影响，分散股东同样很难将注意力集中到价值投资本身，而是忙于通过各种途径探听内幕消息。金字塔式控股结构下"金融大鳄"的资本运作偏好进一步加剧了小股民的投机心理。

- 对内幕交易的监管力度和处罚成本不够强，使很多投资者依然心存侥幸，导致内幕交易屡禁不止，愈演愈烈。为了一夜暴富，很多投机者不惜铤而走险。

以上三个方面成为中国资本市场散户投机性较强的原因，而金字塔式控股结构的存在则成为中国散户投机性强的重要制度诱因。

其三，金字塔式控股结构的存在成为"金融大鳄"与少数腐败官员进行权钱交易的制度温床。复杂的金字塔式控股结构不仅为监管部门监管股权关联公司的关联交易带来了困难，同时为这些"金融大鳄"贿赂腐败官员提供了多样化的途径。中国境内第一家破产的银行包商银行，其走向破产既有明天资本系族下大股东掏空包商银行的因素，也有腐败监管官员合谋的因素。

中国资本市场经过三十多年的发展，金字塔式控股结构的各种负面效应开始逐步显现。为推动金融控股公司规范发展，有效防控金融风险，更好地服务实体经济，根据《国务院关于实施金融控股公司准入管理的决定》（简称《决定》），中国人民银行印发了《金融控股公司监督管理试行办法》（简称《办法》），自 2020 年 11 月 1 日起施行。该《决定》和《办法》出台的目的就是阻止类似明天系这样的资本系族通过控股银行等金融机构，获得缺乏有效风险管控的资金支持，快速扩张，甚至引发系统性金融风险。

中国人民银行前行长周小川曾经说："为了实现快速扩张，最近十多年，一些大型企业想着经营金融控股公司，或者说未正式经营金融控股公司而实际在'插足'金融类公司。原因无非是能支持一定程度的自融，另外就是便于从其他地方获得融资，能快速地变成虚假资本金，可以实现快速扩张、野蛮扩张。"

《决定》与《办法》的出台表明，监管当局已经意识到金字塔式控股结构存在的社会、经济、政治危害，开始以加强监管的方式进行限制。也许中国资本市场到了向金字塔式控股结构说"不"的时候了。那么，如何才能消除金字塔式控股结构呢？

简单回顾各国资本市场的发展历史，不难发现，很多国家都曾经历从金字塔式控股结构盛行和股权集中的股权结构向股权分散的股权结构转变的过程。

以美国为例，美国通过出台《谢尔曼反垄断法》将一些托拉斯拆分为不同的公司；通过出台《公共事业控股公司法》，限制在公用事业领域出现金字塔式控股结构和交叉持股；通过开征公司间股利税，使控制子公司、孙公司的金字塔母公司处于税赋负担不利状态；通过制定针对持有优先股的机构投资者获得股利回报的税收优惠政策，鼓励机构投资者更多持有无投票权的优先股，从而避免机构投资者对上市公司经营管理的过度干预；通过征收遗产税，甚至馈赠税等，促使"金融大鳄"从股权控制向公益性基金、家族信托基金转变。

消除金字塔式控股结构的 4 个方法

- 出台相关法案限制金字塔式控股结构和交叉持股的出现；

- 开征公司间股利税；

- 鼓励机构投资者更多持有无投票权的优先股；

- 征收遗产税、馈赠税。

正是经过上述一系列监管立法和税收政策调整，美国自 20 世纪二三十年代以来，已初步形成了以股权分散的股权结构为主的公司治理模式。美国从托拉斯（垄断组织的形式）盛行到股权分散，至少经历了半个世纪。

公司治理的实践

恒大集团债务危机暴露出来的民企的治理问题

2021 年 12 月 3 日,中国恒大发布公告称其无法履行一笔价值 2.6 亿美元的担保责任,广东省人民政府向恒大集团派出工作组,恒大集团债务危机剧集更新。

在很多人眼中,恒大集团和已经破产重整的海航一样是标准的民营企业。如果恒大集团只是类似于家庭手工作坊和夫妻餐饮店(经济学上所谓的新古典资本主义企业)那样的所有权与经营权统一的民企,即使由于举债到期无法偿还本金利息引发债务危机,理论上,债权人只要上门把恒大集团举债时用来抵押担保的"牛"拉走、"房子"拆了就可以了。

但问题的复杂之处在于,恒大集团是以其旗下上市公司进行显性或隐性抵押担保的,债务融资与权益融资深度关联,引发投资无法收回本金和实现回报的危机,进而引发了恒大集团的债务危机。

按照官方网站的介绍,恒大集团是"'多元产业 + 数字科技'的世界 500 强企业集团,旗下拥有恒大地产、恒大新能源汽车、恒大物业、恒腾网络、房车宝、恒大童世界、恒大健康、恒大冰泉等八大产业，为数亿用户提供全方位服务"。其中，2016 年后更名的中国恒大（原恒大地产）、于 2020 年 7 月更名的恒大汽车（原恒大健康）和于 2020 年 12 月 2 日上市的恒大物业又是中国恒大的非全资附属公司。因而恒大集团形成了以中国恒大为核心，旗下拥有 3 家上市公司，至少 3 级的金字塔式控股结构的资本系族，成为中国资本市场赫赫有名的恒大系。3 家上市公司的实际控制人均为许家印。

因此，将债务融资与无抵押无担保、在陌生人之间实现的权益融资深度关联起来的恒大集团，已经超越传统意义上的所有权与经营权统一的民企，部分具有了所有权与经营权分离的公众公司的属性，因此，需要思考确保"按时收回投资，并取得合理回报"的公司治理问题。

作为对照，我们注意到，在"股神"巴菲特相对控股的美国伯克希尔·哈撒韦公司也存在着类似的金字塔式控股结构。除了直接控股美国第六大汽车保险公司 GEICO、全球四大再保险公司之一 General Re、萧氏工业集团（Shaw Industries）、内布拉斯加家具商城（Nebraska Furniture Mart）、著名的珠宝公司 Bergheim' Jewelry、北美最大的铁路公司 Burlington Northern Santa Fe、精密金属零件制造公司 Precision Cast parts Corp，伯克希尔·哈撒韦还持有美国运通 19.57% 的股份和可口可乐 9.26% 的股份，从而成为上述两家公司的第一大股东。这使得伯克希尔·哈撒韦与它所投资的企业看上去和恒大集团一样形成了一个双层甚至多层的金字塔式控股结构，而巴菲特本人则成为处于上述金字塔式控股结构塔尖上的最终所有者。

事实上，巴菲特本人每年仅仅利用 5 月召开的伯克希尔·哈撒韦股东大会为其持股的可口可乐义务做做广告，给我们的感觉可口可乐是可口可乐，伯克希尔·哈撒韦是伯克希尔·哈撒韦。两者除了股权投资关系之外，几乎没有什么联系。可口可乐也不会在债务融资时请其母公司伯克希尔·哈撒韦提供担保，更不会允许伯克希尔·哈撒韦以"应收款"或"其他应收款"的形式占用可口可乐的资金。因此，二者看上去有联系，但也可以说没有联系。

我们的问题是，巴菲特通过金字塔链条持股多家上市公司，但为什么没有像恒大集团那样在美国资本市场形成所谓的"伯克希尔·哈撒韦系"呢？这显然是理解像恒大集团这样陷入债务危机的民企公司治理问题的关键。

首先，以由职业经理人组成的董事会为治理核心的美国公众公司并不欢迎，甚至抵制主要股东的积极作为，大股东和小股东的权力一样，只是持股稍微多一点而已。

我们以伯克希尔·哈撒韦持股比例达 19.57% 的美国运通为例。美国运通与伯克希尔·哈撒韦签署了一项须不时修订的协议，以确保伯克希尔·哈撒韦对其投资是"消极"的。按照该协议，美国运通要求伯克希尔·哈撒韦及其子公司按照美国运通董事会的建议，对公司普通股进行投票；同时要求伯克希尔·哈撒韦承诺，在某些例外情况下，伯克希尔·哈撒韦及其子公司不得将美国运通普通股出售给持有美国运通表决权证券 5% 以上或试图改变美国运通控制权的任何人。

历史上，在凯瑟琳·格雷厄姆（Katherine Graham）及其家族作为《华盛顿邮报》的实际控制人，伯克希尔·哈撒韦持股《华盛顿邮报》12% 股份的时期，巴菲特曾长期任职《华盛顿邮报》董事会股东董事。而在美国运通目前由 15 人组成的董事会中，除了公司的 CEO 兼董事会主席为唯一内部董事外，其余 14 名董事均为外部董事。这意味着持股高达 19.57% 且没有委派代表自己利益的股东董事的伯克希尔·哈撒韦，对于美国运通的价值仅仅在于，维持董事会作为公司治理核心的地位，在必要时防止"野蛮人"入侵。

作为对照，许家印则同时为恒大集团旗下 3 家上市公司的实际控制人。在这 3 家上市公司中，持股比例超过 60% 的母公司向子公司委派的非独立董事全部来自恒大集团，占比达 100%，而身为恒大集团董事局主席的许家印更是直接兼任中国恒大的董事长。

目前积极推进的国企混改，其目标之一是实现国资从以往"管人管事管企业"向"管资本"转换。我们看到，超额委派董事和亲自兼任董事长的许家印已成为民营资本背景下借助金字塔式控股结构"管人管事管企业"的新典型。民企在不知不觉中把国企在公司治理实践中做得最糟粕的、现在在国企混改中要求积极转变的"管人管事管企业",不加批判地吸收过来。

对于"不管人,不管事,更不管企业""只管资本"这一公司治理最佳实践,很多国企没有做到,因此需要积极开展国企混改;一些民企同样没有做到,因此海航走向破产重整,恒大集团深陷债务危机。远在美国的巴菲特却真正做到了"管资本",这是巴菲特之所以成为今天的巴菲特的原因。我曾经为 FT 中文网写过一篇题为《巴菲特的伯克希尔·哈撒韦是如何"管资本"的》的经济评论文章,提出国企混改应学习巴菲特。

伯克希尔·哈撒韦通过金字塔式控股结构持有众多上市公司的股票,但没有演变为美国资本市场的"伯克希尔·哈撒韦系",事实上还与以下两项制度设计有关。

第一,通过集体诉讼与举证倒置构建的对投资者权益保护的强大法律网络,公司董事在履行董事向股东负有的诚信责任上小心翼翼,内部人在进行包括财务造假等有损外部分散股东权益的行为中不敢心存任何侥幸。

哈佛大学施莱弗教授领导的法与金融研究团队的大量经验考察表明,一国金融发展水平和发达程度并不取决于基于银行体系的日德模式,也不是基于市场体系的英美模式这种流于表象的划分,而是取决于更深层次的该国法律对投资者权益的保护程度。由于普通法相较于其他法系具有更有效的投资者权益保护，基于普通法法律渊源形成的法律传统由此成为各国公司法立法和实践学习的榜样，甚至一些学者认为公司法的历史由此可以终结。

而在普通法系所构建的对投资者权益保护的基础框架中，以集体诉讼和举证倒置为核心内容的股东对违反诚信原则的董事的诉讼便利成为典型特征之一。其实质是通过激发专业律师的参与热情，提高股东对违反诚信原则的董事诉讼成功的概率，以此实现法律对投资者权益的有效保护。例如，在美国的安然会计丑闻中，投资者通过集体诉讼获得的赔偿高达71.4亿美元。

2021年11月，广东省广州市中级人民法院对全国首例证券集体诉讼案件做出一审判决，责令康美药业因虚假陈述侵权，赔偿证券投资者损失24.59亿元，相关责任人员按过错程度，或承担全部连带赔偿责任，或承担部分连带赔偿责任。康美药业案标志着中国A股资本市场对内部人损害外部股东利益行为的打击从以往的"监管推进"开始走向"法治驱动"。

但是，目前新修订的《中华人民共和国证券法》（简称《证券法》）特别代表人诉讼制度下"特别代表人"的特许甚至垄断，无形中将提高股东发起集体诉讼、用法律武器维护自身权益的门槛；同时，在投资者权益保护的司法实践中，往往与集体诉讼制度配套使用的举证倒置制度在这次《证券法》修订中并未"一步到位"。举证倒置是指除非上市公司能够提供证据表明相关决策合法合规，没有损害股东的利益，否则上市公司相关董事便没有尽到诚信责任。举证倒置制度无疑将进一步提高股东诉讼成功的概率，使股东的投资者权益得到更好的保护。

第二，无处不在的外部接管威胁、市场做空机制以及各种专业投票代理机构共同营造的外部治理环境使得美国上市公司的董事时刻处于惴惴不安的状态，同样不敢心存任何侥幸。

外部接管威胁无疑是任何资本市场十分重要的外部公司治理力量。按照已经公认的结论，在美国资本市场，如果一家公众公司敢像海航"除了生产避孕套的企业没有收购，一路买买买"地从事（过度）多元化，该公司的股价将出现明显的折价，这将诱发接管商发起接管威胁。接管成功的直接后果是那些没有尽到诚信责任的董事将惨遭辞退，甚至身败名裂。

从 2015 年开始，中国 A 股上市公司第一大股东平均持股比例低于标志相对控制权的 1/3。我们认为，中国 A 股资本市场以万科股权之争为标志开始进入分散股权时代。但是，包括举牌的险资无可奈何地与"野蛮人"联系在一起，在监管当局的重拳出击之下，很快烟消云散，这使中国 A 股市场短暂活跃的接管并购在昙花一现之后很快进入漫长的沉寂期。

逐利动机驱动下的做空机构会比监管当局、中小股东更加敏锐地紧盯上市公司中那些"有缝的蛋"。曾经创造中概股最快上市纪录的瑞幸咖啡的财务造假，并非由审计机构或独立董事发现，而是由浑水这一做空机构最早发现的。然而，虽然允许融资融券，但中国 A 股市场目前并不存在真正意义上的做空机构。

面对越来越看不懂的财务报表、越来越不熟悉的法律规则，代表中小股东履行投票权的专业投票代理机构应运而生。即使在投资回报实现上做得可圈可点的伯克希尔·哈撒韦，由于董事长兼 CEO 的巴菲特和副董事长芒格的年薪固定在 10 万美金，其他两名董事则每人获得 1 600 万美元——美国上市公司董事最高的基本工资，投票代理顾问机构 ISS "鸡蛋里挑骨头"地认为伯克希尔·哈撒韦"在高管薪酬与公司业绩之间没有可衡量的联系"，一度建议股东对伯克希尔·哈撒韦的"薪酬话语权"事项投反对票。

我们看到，通过董事会在上市公司中的核心作用、投资者权益的苛刻法律保护以及外部市场机制的积极威慑三个方面的共同制约，美国资本市场存在持有众多上市公司股份的大股东，包括伯克希尔·哈撒韦在内，看似形成了类似恒大集团的金字塔式控股结构，但这些大股东仅仅停留在股东权益履行的边界内，由此使每家上市公司成为"自负盈亏，自主经营"的独立市场主体。

反观恒大集团和海航，旗下的上市公司一定程度上已经丧失了独立市场主体的地位，逐步演变成资本系族控制下"一盘大棋中的一枚棋子"。受上述事实影响，相关债权人在制定授信政策和进行风险管理时并非以上市公司为市场主体，围绕具体项目展开评估，而是"打狗看主人"，对其背后的资本系族提供的隐性显性担保赋予更大的权重，使得债务不再是与上市公司或某一具体公司的合约，而是与其背后的资本系族之间的合约。

我们以媒体已经曝光的海航旗下的海航控股为例。海航控股为其关联公司以拆借资金、履约代偿、为关联方提供担保等为由占用的资金总额超过 95 亿元，自身贷款资金被关联方实际使用的总金额超过 178 亿元。

因此，恒大集团的债务危机本质上是金字塔式控股结构下资本系族内部成员之间相互抵押担保，使得原本针对单一市场主体的债务硬约束边界不断模糊，变相形成的预算软约束，导致一定程度上出现"大而不倒"的现象。因而，避免类似恒大集团、海航这类民企公司治理问题的关键是，削弱金字塔式控股结构的影响力，使金字塔式控股结构仅仅成为"管资本的链条"，把资本系族中的每一家子公司还原为"自负盈亏，自主经营"的独立市场主体。

回溯诱发恒大集团债务危机的资本系族金字塔式控股结构的制度缘起，我们不难发现，改革开放四十多年来，金字塔式控股结构首先从国企开始盛行，然后逐步蔓延到民企。一方面，由于企业集团成员之间形成内部资本市场，资源互补，抱团取暖，容易做大做强；另一方面，由于监管便利，出了问题，能够及时切割防范化解风险，中国几乎所有的国企都处于各种复杂的金字塔式控股结构中，形成了所谓中信系、中粮系、中油系、中化系等各种十分庞大的资本系族。

经过三十多年的发展，从内部资本市场演化而来的金字塔式控股结构下的资本系族在中国经济生活中的各种负面效应日渐显现出来。除了以资金占用等方式掏空转移子公司、孙公司的资源，金字塔式控股结构的负面效应还体现在纵容实际控制人机会主义性质的资本运作行为，加剧了金融市场的波动性，加大了系统性金融风险发生的可能性。

另外，复杂的金字塔式控股结构不仅为监管部门监管股权关联公司的关联交易带来了困难，同时为实际控制人贿赂腐败官员提供了多样化的途径，金字塔式控股结构成为少数"金融大鳄"与腐败官员权钱交易的温床。因此，早在 2017 年，我为 FT 中文网写了题为《向金字塔式控股结构说"不"》的经济评论文章。

事实上，美国等市场经济成熟的国家都先后经历了股权集中主导的托拉斯盛行，到股权高度分散的扁平化的企业组织结构发展阶段的转变。未来，中国资本市场也许可以借鉴成熟资本市场的发展经验，一方面通过反垄断法实施和家族信托基金的发展促进企业拆分，股权逐步分散；另一方面则通过开征公司间股利税等手段，增加金字塔式控股结构的营运成本，抑制上市公司金字塔式控股结构复杂化的趋势，促使中国资本市场逐步走上健康良性的发展之路。例如，伯克希尔·哈撒韦由于采用了税收并不友好的金字塔式控股结构，与标准普尔 500 相比，要缴纳更多的公司间股利税，这使得伯克希尔·哈撒韦总体的税赋水平较高。这就是巴菲特经常说，在讨论投资回报率问题上，标准普尔 500 并非伯克希尔·哈撒韦一个好的参照系的背后原因。

尽管我们在未来很长一段时期仍无法彻底消除金字塔式控股结构，但伯克希尔·哈撒韦的案例带给了我们启发，即我们应该通过强化董事会在上市公司中的核心作用，完善投资者权益的苛刻法律保护以及加大外部市场机制的积极威慑，来消除和阻隔每家公司背后通过金字塔式控股结构产生的资本系族影响，让每家企业真正成为"自负盈亏，自主经营"的独立市场主体。

除了上述"让每家企业真正成为'自负盈亏，自主经营'的独立市场主体"这一中国资本市场建设的长期目标，恒大集团暴露出来的民企治理问题提醒我们，应该在短期内积极采取措施，防范金字塔式控股结构下变相形成的"预算软约束问题"在上市公司中蔓延的可能。

我们建议政策主要集中在以下两个方面：

第一，针对上市公司，可以通过中国证监会或交易所要求存在母公司的上市公司进行业务规范和公司治理规范两方面的自查，并将自查结果向资本市场投资者进行公开信息披露。其中，关于业务规范自查的内容包括但不限于：一段时期以来，对母公司提供的抵押担保是否合规；与母公司之间的资金往来情况；与母公司之间的业务往来情况；是否存在损害股东利益的关联交易行为。关于公司治理规范自查的内容包括但不限于：母公司向上市公司委派董事的比例是否超过持股比例，是否存在超额委派董事问题；董事长是否由母公司委派；关联交易的审批是否严格遵循公司治理流程。

事实上，海航控股为关联公司提供的超过 80 笔担保款项，是股东及关联方在未经公司董事会、股东大会审议批准的情况下，擅自以公司的名义提供的。业务规范和公司治理规范自查的目的是提醒外部投资者评估上市公司债务在金字塔式控股结构下形成预算软约束的风险。

第二，针对包括银行在内的债权人，建议在授信政策制定时选择明确的市场主体，围绕某一具体项目展开，全面调低具体市场主体背后资本系族的隐性担保的权重；在进行风险评估时要充分评估金字塔式控股结构下变相形成的"预算软约束"的潜在风险，金字塔式控股结构越复杂，风险管理模式的评级越低。

海航破产重整的案例清晰地表明，不存在所谓的"大而不倒"的"不倒神"，只是这些庞然"大"物在倒下时更加"轰然作响"而已。

第 3 章

盘根错节的
"中国式内部人"

TRADEOFF

The Principles of
Corporate Governance

何谓内部人控制问题

2015 年在中国资本市场出现的公司治理困境固然与险资以"野蛮人"的面目举牌有关，但也与隐身在复杂金字塔式控股结构背后的"金融大鳄"有关。但我们的问题是，"野蛮人"入侵和金字塔式控股结构在很多国家都十分常见，"野蛮人"入侵带来的接管威胁甚至被认为是改善一家企业公司治理问题的重要外部力量。那么，为什么在其他国家司空见惯的"野蛮人"入侵和金字塔式控股结构会在中国资本市场演变为公司治理的困境？这里就不得不提到开展公司治理制度设计需要直面的第三种人——"中国式内部人"。

内部人，简单来说，就是被股东聘请来负责日常经营管理，为股东创造财富的经理人。由于股东与经理人之间的信息不对称，签订的合约细则不完全，二者之间存在严重的代理冲突。代理冲突的典型表现形式之一就是"内部人控制"问题。内部人控制，就是指经理人利用超过其责任承担能力的控制权，做出牟取私人利益的决策，但决策后果由外部分散股东承担，从而造成股东利益受损的后果。

即使在英美等市场经济成熟的国家，公司内部人控制问题也十分常见。那么，在英美公司，内部人控制问题是如何形成的呢？其中主要有两方面的原因。一方面，由于股权高度分散，股东在监督经理人的问题上相互"搭便车"，结果没有人愿意站出来监督经理人。另一方面，为了激励这些被股东聘请来的为股东创造财富的经理人努力工作，让他们"像股东一样思考"，股东不断向他们推出各种股权激励计划，以至于经理人持有的公司股份越来越多。例如，在美国微软公司，目前持股最多的并非创始人比尔·盖茨，而是比尔·盖茨聘用的首位商务经理——微软前任 CEO 史蒂夫·鲍尔默（Steve Ballmer）。不断授予经理人股权激励的结果是，聘请的经理人一不小心成为公司持股比例最高的股东。

所以，在这两方面的共同作用下，聘请的经理人一旦成为公司持股比例最高的股东，即使是外部接管威胁也难以撼动他的控制态势。于是经理人就可以利用他的实际控制权，追求高额的在职消费和超额的薪酬，甚至进行关联交易，导致外部分散股东的利益受到损害。这样就形成了英美公司股权高度分散治理模式下的内部人控制问题。

"中国式内部人"控制问题为何与众不同

在中国一些上市公司中，尽管存在持股比例并不太小的股东，而且董事长往往并不持股，但依然会形成类似英美治理模式下的内部人控制问题。我把上述不同于英美公司典型的内部人控制问题称为"中国式内部人"控制问题。

"中国式内部人"控制问题的出现既有社会政治方面的原因，也有文化历史方面的原因。

2017 年，恒丰银行由于推出损公肥私的员工持股计划和出现高管私分公款的丑闻，遭到监管当局的处罚。恒丰银行少数内部人利用实际控制权损害外部股东利益的行为，成为"中国式内部人"控制问题的典型例子。如果考察恒丰银行的股权结构，我们就会发现，恒丰银行的股权结构并非高度分散，持股超过 5% 的主要股东就有 5 位，其中包括来自新加坡的国际战略投资者大华银行。但时任恒丰银行董事长并未持有恒丰的任何股份，更不是大股东。

那么，恒丰银行的"内部人控制问题"究竟出在哪儿呢？原来恒丰银行的第一大股东是由烟台国资委全资控股的蓝天投资，而时任董事长在出任之前，曾任烟台市委常委、副市长和烟台国资委的党组书记。

显然，在这种背景下，烟台国资委控股的蓝天投资是无法有效制衡前烟台国资委的党组书记的。事实上，2013 年以来中国启动新一轮国企混改，着力从管企业转向管资本，强调市场化遴选经理人机制也基于上述深层次动机。

除了政治关联，社会联结同样是形成"中国式内部人"控制问题的重要原因。

董事长通过委派具有同乡、同学、同事等社会联结的董事或高管，"近亲繁殖"，任人唯亲，建立唯其马首是瞻的稳定组织，长期盘踞在公司，同样成为引发"中国式内部人"控制问题的重要制度根源之一。

下面是某上市公司的典型案例。

2017 年，某公司营业收入和净利润同比分别下降 7.81% 和 42.81%，当年该公司高管人均薪酬达到 600 万元，在全部上市公司高管薪酬排名中排第 80 位。我们知道，与企业绩效脱钩的经理人超额薪酬是内部人"慷股东之慨"，最终被迫由股东承担的一种特殊代理成本。媒体认为与高管超额薪酬"脱不了干系"的是，该公司 10 名高管中 9 名毕业于同一所大学，而在这 9 名高管中，部分高管不仅是校友，而且是同乡。

　　基于同乡关系的社会联结在中国上市公司董事会中最主要的成员——董事长及在其主导下聘任的经理人之间普遍存在。我们完成的一项研究表明,董事长选择籍贯(地级市)相同的同乡出任经理人的公司在 2007 年仅 97 家,而到 2018 年增加到了 174 家,接近 2007 年的 2 倍。近几年,上述任人唯亲做法依然保持着快速增长的势头。

　　历史和文化成为导致"中国式内部人"控制问题出现的第三个因素。改革开放以来,很多成长为今天行业头部企业都曾有过长期亏损和濒临破产的经历。而在这些经历的背后,企业都有一位率领员工走出困境、被视为企业灵魂的优秀企业家。由于没有合理回报企业家的贡献的内心歉疚,也由于"滴水之恩当涌泉相报"的中国传统感恩文化影响,由老一代企业家任命自己的儿子继任总经理被认为是理所当然的,老一代企业家侵吞自己当初集资的股份也被认为是无可厚非的。

　　在一些现实案例中,"中国式内部人"控制问题的形成,往往既有政治关联、社会联结的因素,更有文化和历史的因素。一个典型的案例是曾被网友称为"处理垃圾资产,自己却变成垃圾"的中国华融。

　　中国华融是中国于 1999 年设立的负责收购、管理、处置相关银行不良资产的资产管理公司之一。2018 年 4 月 17 日,该公司党委书记、董事长因涉嫌严重违纪违法,接受纪律审查和监察调查。中国华融成为中国式内部人控制的典型。

中国华融不是没有大股东，但大股东显然无法制衡具有行政级别、同时被各种同乡和校友包围的时任董事长。

哈佛大学施莱弗教授曾经断言，"全球大企业中最重要的代理问题已经转为如何限制控股股东剥削中小股东利益的问题"。

所以，困扰中国公司治理实践的，既有大股东"隧道挖掘"掏空问题，也有更加传统的经理人损害股东利益的"中国式内部人"控制问题。特别是在金字塔式控股结构这一基本金融生态下，"中国式内部人"控制问题显得尤为复杂。

概括而言，与英美等国出现的内部人控制问题相比，"中国式内部人"控制问题呈现出以下三个特征。

- 中国上市公司的股权结构还远没有达到英美等国高度分散的程度，依然存在持股比例较高的股东，第一大股东（往往由于国资的所有者缺位）虽然持股比例较高，但似乎并没有形成对内部人控制的抑制和制衡；
- 受到一定程度的薪酬管制的限制，中国公司内部人持股的比例有限，很多甚至不持股，股权激励计划并非形成内部人控制问题的诱因；
- 在英美模式下，经理人也就是CEO，是内部人控制的核心，董事长与其他董事一样，只是平等行使表决权的董事会召

集人而已。而在中国资本市场上，经理人退化为董事长的
行政助理，董事长成为内部人控制格局的核心。

尽管"中国式内部人"控制问题在一些非国有上市公司中
同样存在，但在所有者缺位的国有企业中尤为突出和典型。什
么是所有者缺位呢？简单来说，国有企业的国有资产名义上属
于全国人民，但全国人民并不能像股东那样去监督做决策的国
有企业高管，所以，实际上国有资产并没有真正的所有者，这
就是所谓的所有者缺位。由于所有者缺位，国有企业高管缺少
有效监督，这类国企很容易出现"中国式内部人"控制问题。
恒丰银行和中国华融就是典型的例子。

中国公司治理困境是如何形成的

2015 年，以万科股权之争为代表的系列控制权纷争集中
爆发，从此，举牌的险资以"野蛮人"的面目出现在中国资本
市场。险资举牌在中国资本市场掀起的腥风血雨在南玻董事会
被"血洗"后达到了高潮，中国公司治理陷入空前的困境。那
么，我们应该如何逻辑一致地解读中国公司治理困境呢？

概括而言，2015 年以来出现的中国公司治理困境是三种
力量碰撞的结果。

- 第一种力量是中国资本市场进入分散股权时代后，开始在资本市场日趋活跃的"野蛮人"。这里的"野蛮人"主要指在入市门槛降低后频繁举牌的险资。

- 第二种力量是隐身在复杂金字塔式控股结构下兴风作浪的"金融大鳄"。金字塔式控股结构导致的现金流权与控制权的分离，使这些"金融大鳄"倾向于进行短期资本运作，来代替耗时耗力的经营管理治理制度的完善。

- 第三种力量是由于政治关联、社会联结以及历史文化等原因，在中国很多企业形成的"中国式内部人"。

正是"野蛮人"加上金字塔式控股结构下的"金融大鳄"，共同遭遇了"中国式内部人"，才最终导致了中国资本市场公司治理困境的出现。

面对盘桓在家门口的"野蛮人"的撞门威胁，如果把企业交给自己信赖和长期培养的管理团队，持股比例并不高甚至不持股的创业企业家就无法说服其他股东接受自己的提议。

而如果简单遵循股权至上的逻辑，创业企业家放弃自己的坚持，任凭新入主股东主导新经营管理团队的组建，则会使多年累积的宝贵经营管理经验和理念无以为继。当面临资本市场的"野蛮人"入侵，他们的反抗不仅无力，甚至显得意气用事。这无形中增强了控制权之争的对抗性。

中国上市公司习惯"一股独大"的公司治理模式。"血洗董事会"式的公司控制权转让成为这些企业"仓促"进入分散股权时代，被迫承担的一种特殊制度成本。

公司治理的实践

商学院从北大方正破产重整案例中可以学到些什么

北大方正最初由北大校资投资创办，曾是中国最大校企，其技术奠基人是汉字信息处理和激光照排系统的发明人王选院士。从报纸远程排版技术、彩色桌面出版系统、新闻采编流程计算机管理系统等业务起家，到 2009 年的最辉煌时期，北大方正经营业务横跨 IT、医疗医药、房地产、金融、大宗商品贸易等领域，旗下拥有包括方正科技、北大资源、方正控股、中国高科、北大医疗、方正证券 6 家上市公司在内的 400 多家公司，总资产规模一度高达 3 600 多亿元。

2021 年 6 月，北大方正及其四家子公司"资产出售式"合并重整方案获表决通过。北大方正的破产重整使以提供一流商学教育而享誉全球的北大商学院教授一度蒙羞，也使早年在北大接受系统商科教育的我感到面上无光。然而，据了解，当时不止一位北大的商学院教授主张北大方正与"主营业务"为教育的北京大学"彻底脱钩"，但当时无人敢冒着"国有资产流失"的"大不韪"拍板决策，而且当时没有多少人会相信以国企身份和名校声誉背书的北大方正有一天会净资产为负。根据破产重整清产核资审计报告，截至审计基准日（2020年1月31日），北大方正五家重整主体的资产总额为622亿元，而债务总额高达1469亿元，净资产为–847亿元。北大方正破产重整由此也成为近年来最大的破产重整案件之一。

那么，从一度为最大校企，后来却陷入破产重整困境的北大方正公司治理构架的演变历程中，商学院的学生可以学到些什么呢？

首先，从股权结构来看，无论国资持股比例大还是小，国资所有者缺位的事实难以改变。

2004年北大方正改制前后，分别由北大校办产业管理委员会和北大资产经营公司代表北大持有北大方正的股权。这一机构的设置类似于负责国有资产监督和管理的国资委及其牵头的国有资产管理体系。因而，单纯从股权结构来看，北大方正的国有资产管理体系是对现行的国有资产管理体系的延续：一方面，由北大资产经营公司代表北大持有北大方正股票，履行控股股东职责；另一方面，北大方正的主要领导由代持股份的北大资产经营公司的上级——北大校方来任免。与国有资产管理体系略有不同的是，国资委往往是全资控股集团公司，而在北大方正的资产管理体系中，北大资产经营公司仅仅持有北大方正的部分股票。上述在当时看来相对合理的国有资产管理体系,显然不是区区几个北大商学院教授"彻底脱钩"的建议可以改变的。

上述构架存在的问题在今天看来是十分突出的。第一,作为控股股东,国资的所有者缺位,北大方正的经营者是"在花别人的钱,办别人的事"。第二,对集团层面的管理团队的委派权力集中在少数人手中,容易被腐败俘获。而股东出真金白银,能够为自己的错误决策承担责任,盈利动机明确。这事实上是 2013 年以来,中国启动以所有制混合为特征的新一轮国企改革的重要现实背景。国企混改试图解决的核心问题应该是,引入民资,解决所有者缺位问题,形成制衡的股权构架;国资从"管企业"向"管资本"的国有资产管理体系转变,解决经理人遴选的市场化产生机制问题。

其次,员工持股:"神圣光环"掩盖下的复杂动机。

作为基薪和奖金的补充,员工持股计划传统上一直被公司治理理论和实践认为是协调股东与员工利益和激励员工的重要手段。即使在英美等国上市公司不存在大股东、高度分散化的股权结构下,为了避免外部接管威胁撼动经理人的地位,经理人不仅会诱导员工持有本公司股票,而且会直接推动员工持股计划的实施。因而,员工持股计划超越了单纯的激励员工功能,被用作动机复杂的反收购和加强公司控制的工具,我们对此并不应该感到奇怪。

北大方正的股东就有这样一家特殊的公司。北京招润投资管理有限公司（简称北京招润）是北大方正管理层、主要科研人员和骨干组建的公司，在教育部给北大方正的改制批复中，它被描述为"由管理层和员工组成的内部战略投资者"。尽管当初这家公司成立的目的是便利北大方正管理层跟进祝维沙举牌，暗中收购方正科技二级市场股票，但这家代持主要科研人员和骨干股份的公司很快被内部人强制收购，员工持股平台由此从激励机制的实现方式退化为实际控制人加强公司控制的手段。2019 年 6 月，北大校方向北京市第一中级人民法院提交诉讼材料，提及北京招润"并非实现员工激励、体现人才为本的平台"，而是用来骗取北大方正 35% 股权的持股工具，相关责任人涉嫌"在股权受让主体上弄虚作假，欺上瞒下"。

和北大方正同样经历了改制的海航，历史上一度先由工会，后由慈善基金控股，但这些虚化主体的背后往往隐藏着内部人控制问题。无论员工激励平台还是工会，甚至慈善基金，这些美好的字眼蒙蔽了许多人的双眼。

最后，战略投资者：制衡还是制动。

引入战略投资者的目的是使这些盈利动机明确的战略投资者成为制衡实际控制人的力量，而不是成为实际控制人加强公司控制的工具。然而，在北大方正的两个社会股东中，成都华鼎和深圳康隆作为战略投资者，却与实际控制人存在着复杂的社会联结。所谓社会联结，指的是基于亲缘（由血缘和姻亲关系结成的亲戚)、地缘(同乡)和业缘(曾经的校友和同事)所形成的人与人之间比普通人更为亲密的关系。理论上,社会联结在公司治理中可以沿着以下两个相反方向发挥作用。其一,增强董事长与所委派的董事高管之间的互信,形成利益共同体,共同承担风险和面对挑战。其二,成为加强内部人控制的工具,损害外部股东的利益,使社会联结最终变为"任人唯亲"。

由于在公司治理基础构架股权结构设计中,准国资控股股东的"所有者缺位",员工持股平台的伪装和复杂社会联结渗透下的所谓"战略投资者的引入",北大方正形成了典型的内部人控制问题。在上述内部人控制格局下,我们并不应该过多期待董事会在制衡实际控制人中能扮演怎样的角色,而聘请缺乏国际声誉和专业水准的会计师事务所和资产评估公司出具问题审计报告必然是在预料之中。

改制后的北大方正走向破产重整,用它自己的方式宣告了当初改制的失败。北大方正破产重整的原因并非简单的恶意欺诈导致国有资产流失、借助高杠杆过度资本扩张和偏离高科技本业、盲目多元化等可以概括的。其问题的核心是从改制开始,北大方正就与构建制衡的股权构架相偏离,未能有效防范内部人控制问题。

享誉一时的北大方正的改制失败给我们带来了一些值得深入思考的问题。其一,如果在一些基础战略性行业必须存在国资或准国资性质的控股股东，那么依靠怎样的制度设计才能确保这些国资的代理人像对待自有资产那样"精心照料"国有资产？其二，作为股权激励计划受益方的核心员工，如何建立和形成法律和制度保障，以维护自己的权利，表达自己的诉求，而不是成为少数内部人操纵的工具？其三，如何保证在改制过程中引入的战略投资者成为制衡内部人控制的力量，而不是成为实际控制人加强内部人控制的"帮凶"？

答案也许就在以所有制混合为特征的国企混改中。我们一方面通过引入民资背景的战略投资者，以出资入股的形式为可能做出的错误决策承担责任，同时明确盈利动机，持续推动企业经营机制的转化，以解决以往"一股独大"的国资存在的所有者缺位问题；另一方面我们通过形成制衡的股权结构，建立一种自动纠错机制，使之成为约束公司内部人的力量。与此同时，我们在引入民资背景的战略投资者来进行国企混改的过程中，还要做到信息公开透明，程序合理公正。

第 **4** 章

互联网时代的
"创业达人"

TRADEOFF

The Principles of
Corporate Governance

互联网时代人类是否变傻了

每一次工业革命的发生都带来生产组织方式的巨大变革，同时也带来公司治理制度设计的深刻变化。正是现代股份公司与第一次工业革命相伴而生，才促成了公司治理实践的形成，其中包括董事会组织和资本市场发展等。

如今，人类社会正在经历以互联网技术为标志的第四次工业革命。那么，互联网时代究竟给人类社会的日常生活带来了哪些重大变化呢？概括而言，一方面它使人类看上去变得聪明无比，另一方面它却使人类看上去变得愚蠢透顶。

借助"大数据""数据湖"数据采集方式、"云计算"数据处理能力和人工智能的开发应用，人类似乎变得无所不知，无处不在的刷脸和打卡使每个人变得都像透明人一样。

我曾去一家电商公司调研，在我进入电商公司大门的那一刻，他们的经理十分准确地说出了我喜欢购买的商品、我的购物习惯，等等。电商们可以利用互联网技术，开展大数据分析，识别潜在目标客户，以便进行精准营销。

用经济学术语表述，在互联网时代，人们可以掌握更多的信息，原来的信息不对称问题得到缓解，这使人类看上去变得聪明无比。

另一方面，在互联网时代，似乎每个人所关心和能做好的事变得十分有限，人们会把很多原来需要亲力亲为的事交给别人完成。例如，虽然我们并不知道如何准备食材，如何提高厨艺，但使用美团外卖，一样可以吃到一流厨师为我们烹饪的可口饭菜。随着人类对互联网依赖程度的加深，人们除了了解自己专业领域十分有限的知识外，对其他领域几乎一无所知。在这一层面上，互联网时代的人类变得愚蠢透顶。

同样用经济学术语总结，在互联网时代，人们之间的信息不对称问题反而加剧了：你知道的，我不知道；我知道的，你也未必知道。

美国普林斯顿大学帕特里克·博尔顿（Patrick Bolton）教授等的一项研究发现，在互联网时代，对同一家公司价值的认识，股东之间的分歧越来越大。当一些股东认为 4 000 点股市的牛市行情已经到顶，准备抛售所持的股票时，另一些股东则认为 4 000 点才是牛市的开始，并义无反顾地成为"接盘侠"。

美国加州大学洛杉矶分校的桑杰·萨布拉曼洋（Sanjay Subrahmanyan）教授等的研究表明，随着互联网时代专业化分工的深入，人类的精明程度总体上下降了。

通俗地说，在互联网时代，人们都变傻了，人们更希望使用傻瓜相机照相，"一戳了事"，而不会用复杂的单反调焦相机。这是互联网时代带给人类社会的另一面。

不知道现金流如何进行资本预算

在理解了上一点后，我们再回到资本市场实务，你会发现，互联网时代带给投资者的直接变化是：面对很多新的业务模式，投资者越来越看不懂了。

在判断一个投资项目是否可行时，我们通常采用的资本预算方法是净现值法则，或者叫折现现金流法。简单来说，就是看这一项目未来每期可能带来的现金流，在换算为现在的等值价值加总后，再减去计划的初始投资成本，其结果（即净现值）是否为正。如果净现值为正，则表明投资这一项目将带来正的回报，因而该项目是可行的。例如，一个 5 年期的项目，如果每期预估收入的现金流为 20 000 元，把各期现金流按 10% 的折现率折现到各期加总后得到 75 815.74 元，如果初始计划投资只有 70 000 元，则二者相减后的净现值为 5 815元，是正的，因此该项目是可以考虑投资的。

显然，采用这一方法的前提是需要预估出一个投资项目未来各期的现金流。然而，有这样一家二手车直卖网，它的广告词是，"买主直接买，卖主直接卖""没有中间商赚差价"。如果这家二手车直卖网作为中间商不赚差价，那么它的现金流从何而来呢？如果我们无法预估它的现金流，我们怎么计算它的净现值，又怎么判断这个项目到底是可行还是不可行呢？

在互联网时代，我们面临的类似困惑还有很多。比如，有这样一种说法，"做好是互联网金融，做不好是非法集资诈骗"，那么这家企业做的究竟是互联网金融，还是非法集资诈骗？怎么做才算是"做好"呢？小米的创始人雷军曾经说过："只要站在风口，猪也能飞起来。"但是，谁知道究竟是哪个风口，又是哪头猪能飞起来呢？

自视甚高的创业达人

在互联网时代，随着信息不对称问题的加剧，我们会发现很多事情越来越看不懂了，其中就包括掌握在少数创业团队手中的业务模式。例如，一款名为 Snapchat 的照片分享应用，由于创造了"阅后即焚"模式，使用户在保护隐私和分享观点之间找到了平衡，上架之后受到 18~34 岁年轻群体的热烈欢迎。很多投资者仅仅知道这款软件是两个从斯坦福大学辍学的学生开发的。除此之外，对于其现金流从何而来等问题，投资者们一无所知。

匪夷所思的是，在这两个年轻学生的主导下，Snapchat 在上市时提出要发行 A、B、C 三类股票。在其发行的 A、B、C 三类股票中，A 类股票是一股 10 票投票权，B 类股票是一股 1 票投票权，C 类股票无投票权。这意味着这两位创业达人虽然拿出的本金不多，但想要拿到与出资额不对称且多得多的表决权，以此影响公司的重大决策。换句话说，这两位创业达人既想获得不需要抵押担保的权益融资的支持，又不想把实际控制权交给提供权益融资的股东。

两个从斯坦福大学辍学的学生创业固然吸引眼球，但仅仅因为创业者是两个从斯坦福大学辍学的学生，投资者就会完全相信他们，并且投入真金白银，还放弃部分或全部控制权吗？

这就为我们在互联网时代开展公司治理制度设计带来一个空前的挑战：如果投资者不得不把其不熟悉的业务模式的发展主导权交给少数创业达人，哪怕他们是斯坦福大学的"辍学生"，同时放弃部分甚至全部控制权，那么该如何确保投入的

资本的安全呢？互联网时代的创业达人由此成为开展公司治理
制度设计时不得不面对的第四个重要制度因素。

不是"三种人"，而是"四种人"

在当下中国的资本市场进行公司治理制度设计时，以下四
个重要制度因素是我们不得不认真思考和积极面对的。

- 分散股权时代，面对"野蛮人"出没和控制权纷争问题，
  我们应该如何保持公司控制权，并防范"野蛮人"入侵？
- 面对隐身在复杂金字塔式控股结构中的"金融大鳄"，
  我们应该如何聚焦实体经济的发展？
- 面对"中国式内部人"控制的现状，我们应该如何形成
  相互制衡的公司治理构架，避免自身的权益受到损害？
- 在互联网时代，当我们不得不把我们并不熟悉的业务模
  式发展的主导权交给"创业达人"时，我们应该如何形成
  合理的治理构架，确保自身的投资安全？

换言之，在中国当下的资本市场，如果我们需要开展公司
治理制度设计，我们不得不思考应该如何制衡以下这四种人：

- 虎视眈眈的"野蛮人"。

- 兴风作浪的"金融大鳄"。

- 盘根错节的"中国式内部人"。

- 自视甚高的"创业达人"。

如果说前三种人是公司治理制度设计时需要考虑的中国特有的制度因素，那么，第四种人则是全球资本市场普遍面临的制度因素。

公司治理的实践

在 IT 相关产业，创始人为什么会选择在盛年退休

IT 领域似乎有企业创始人在盛年退休的传统。阿里巴巴的创始人马云在 55 岁时宣布退休，拼多多的创始人黄峥则是在 40 岁宣布退休。2021 年 11 月 2 日，字节跳动联合创始人梁汝波正式接任字节跳动 CEO，全面负责该公司的整体发展，张一鸣成功"退居二线"，此时张一鸣年仅 38 岁。

事实上，无论是国内还是国外，IT 相关产业的企业创始人似乎都会比其他行业的创始人更早地选择退休。这是为什么呢？

第一，在日新月异的互联网技术的推动下，IT相关产业的营运模式和管理思维处于急剧变化中，业务流程更新升级的速度快、周期短，需要不断补充新动能，开拓新思维。创始人适时选择退休，让更熟悉业务前沿的年轻人上位，将继续引领企业发展，并为保持行业头部位置提供契机。

作为对照，证券基金投资行业的创始人所做的也许是在一些业绩尚可的股票中进行资产组合管理，"把鸡蛋放在不同的篮子里"。随着年龄的增长，创始人在分散风险和投资回报实现上反而会更加得心应手。这也许就是为什么巴菲特和芒格这两位年逾九旬的老人，依然频频出现在以投资为主业的伯克希尔·哈撒韦每年5月召开的股东大会上，一边喝着可乐，一边回答股东的问题。

而在IT相关产业，特别是与消费者密切接触的电商行业，互联网技术无限延伸的消费者边界和不断降低的准入门槛，吸引了无数的潜在竞争者。面对消费者不断变化的偏好和口味以及同行激烈的甚至简单模仿式的竞争，如果没有全新的、独特的业务发展理念和流程，很难长期保持行业龙头地位。马云的经营理念"让天下没有难做的生意"已经为阿里巴巴打开了企业间电子商务B2B这一全新领域，而支付宝这一第三方支付平台的出现则为互联网时代移动支付提供了便捷途径，使得电商业务发展如虎添翼。但是，电商领域很快出现了京东，随后出现的拼多多更是后来者居上。而在第三方支付领域则出现了与日常社交网络密切相关的微信支付。

为了迎合消费者变化的诉求和应对与同行的激烈竞争，阿里巴巴从 2009 年起开始打造"双十一"网购狂欢节。大家也许知道，"黑色星期五"是美国人的购物节，是基于宗教文化和历史传统形成的特殊节日。而阿里巴巴把最早被称为"光棍节"的 11 月 11 日"后天人为"地打造成目前不仅是中国甚至是全球电子商务行业的年度盛事。在每年的这一天来临时，淘宝的瞬间交易量纪录不断被刷新，几分钟内交易量甚至超过一些大银行一个月的流水。而"双十一"网购狂欢节能如此受欢迎，马云的继承者，前任阿里巴巴董事长张勇功不可没。

事实上，贴近市场和消费者的 IT 相关产业从来不缺新的题材、新的元素和新的故事，竞争异常激烈，内卷程度之高令人咋舌。一个夸张的例子是，2021 年 10 月 28 日，扎克伯格抛弃了已经用了 17 年，为他积累了大量人脉，品牌价值巨大的 Facebook，宣布将其改名为 Meta（元宇宙）。IT 相关产业的内卷程度由此可见一斑。这一方面使 IT 相关产业成为经济发展的新引擎，成为"独角兽"企业诞生最多的行业之一；另一方面也使这一产业的企业创始人不得不思考如何让新人脱颖而出，来承接自己一手创办的事业。于是，很多 IT 相关产业的企业创始人虽然仍处在壮年，但依然选择了退休。

第二，企业经过创业阶段的快速发展，开展的业务越来越复杂细致，雇佣的员工越来越多，需要具有现代经营管理知识和丰富职业历练和经验的职业经理人帮助企业规范和梳理，使企业步入正轨，行稳致远。

在早期创业阶段，企业创始人重点关注的只有两项内容：

- 如何通过研发和创新形成一个能够带来稳定现金流的业务模式。
- 如何在起步阶段说服风险投资基金，以获得业务模式开展所需的外部资金支持。

为了使这两项工作顺利开展，创始人不得不动用各种潜在的社会关系和家庭资源。但随着企业赢得消费者和市场的初步认同后，这些曾经给他们带来帮助的社会关系，逐渐成为企业规范发展的障碍。而碍于人情世故，创始人也不方便出面整顿和规范。显然，如果由新人来推动业务流程的规范，遭遇的阻力会小很多。所以，为职业经理人规范企业营运释放空间，成为 IT 相关产业的一些企业创始人选择退休的重要原因之一。

第三，中国 IT 相关产业的企业创始人退休年轻化趋势，一定程度上还与日趋严峻的监管环境带来的巨大不确定性有关。

包括阿里巴巴和腾讯在内的很多 IT 相关企业曾经是资本市场的受益者，这些企业在成长发展过程中，无一例外曾得益于资本市场的助力。然而，资本市场的任何风吹草动都会体现在股价的波动中，会对企业的产品和服务，甚至企业的生产和经营产生连锁反应。这就要求监管当局在出台相关政策时，为企业生产经营提供稳定的发展环境。

　　我们认为，政策变化带来的未来发展前景的不确定性，加速了 IT 相关产业的一些企业创始人已经或正在规划的"退休"计划。

　　当然，除了上述三方面原因，我们并不排除还有其他原因。例如，少数企业的创始人从最初喜爱充满挑战的创业生活，到开始厌倦每天不得不和各种人交际的生活，去寻找属于自己内心世界的那一方净土。从这个意义上说，马斯克依靠对创新和常识的兴趣独自一直前行，不得不令人肃然起敬。

TRADEOFF

The Principles of
Corporate Governance

第二部分

股权结构设计是
公司治理的基础

股权结构设计能反映股东持股比例的高低，其目的是确保在关系切身利益的重大事项的决策中具有话语权，是体现股东作为公司治理权威的基础性公司治理制度设计。

第 **5** 章

在同股同权构架下，
如何加强对公司的控制

TRADEOFF

**The Principles of
Corporate Governance**

股东是公司治理的权威

为什么股权结构设计是最基础的公司治理制度设计，而董事会组织和经理人薪酬激励计划设计等其他层面不是最基础的？

一个公司无疑有众多的利益相关者。阿里巴巴对这些利益相关者的简单排序是"客户第一，雇员第二，股东第三"。但为什么围绕股东持股比例大小的股权结构设计被称为"基础性的公司治理制度设计"呢？这归功于 2016 年诺贝尔经济学奖得主、哈佛大学经济学教授奥利弗·哈特（Oliver Hart）教授的现代产权理论。

哈特教授注意到，在进行利润分配时，在众多利益相关者中，股东的受益顺序排在最后。体现在会计的资产负债表上，就是权益的价值等于资产的价值减去负债的价值。这意味着股东可以用他投入企业的真金白银为他所做出的错误决策承担责任，这被哈特称为剩余索取权。那么，在这种情况下，股东的权益又是如何得到保障的呢？

股东有权在股东大会上以投票表决的方式对重要事项进行最后裁决，这被哈特概括为剩余控制权。正是由于股东拥有这项权力，股东才愿意在并无抵押和担保的情况下把钱"借贷"给陌生人。

股东愿意这么做的前提是，股东集体享有所有者权益，成为公司的老板。股东由此成为公司治理的权威。换言之，与那些受益顺序排在股东前面的其他利益相关者相比，股东正是由于能够以向企业投入真金白银，为可能做出的错误决策承担责任，才得以成为公司治理的权威。在这种制度安排下，权利与义务的对称程度最高，道德风险倾向最小。

股东在公司治理中的权威性集中体现在以下两方面：

- 股东大会是一家股份公司的最高权力机构，股东以投票表决的方式对重要事项进行最后裁决。
- 董事会和管理团队在法律上向股东负有诚信责任。

其中诚信责任包括忠诚义务和勤勉义务两个方面。简单来说，忠诚义务要求董事会和管理团队不能通过中饱私囊的关联交易损害股东的利益，勤勉义务则要求董事会和管理团队努力工作，积极进取，为股东创造尽可能多的财富。如果我们把忠诚义务简单概括为"不损公肥私"，我们也可以把勤勉义务简单概括为"不敷衍塞责"。

正是由于股东是公司治理的权威，反映股东持股比例高低的股权机构设计才成为维护股东权益的最基础的公司治理制度设计。

同股同权构架下进行股权结构设计

作为基础性的公司治理制度设计，股权结构设计可以简单分为同股同权构架和同股不同权构架。现在，占据中国资本市场主流的股权结构设计重点依然是同股同权构架下的股权是否集中的问题。让我们首先了解一下在同股同权构架下如何进行股权结构设计。

所谓同股同权，就是我们常见的在股东大会表决时的"一股一票"。持有足够多股份的股东在股东大会投票表决和董事会组织运行过程中，发挥着更加重要的影响力。

同股同权构架下的股权结构设计有以下几个关键点：

- 持股超过 50% 的绝对控股。这样的股东被称为控制性股东。这样的股权结构被称为"一股独大"。在中国资本市场建立初期，上市国企基本都是这样设置股权结构的。
- 超过 1/3 的相对控股。一般而言，由于公司并购重组等重大事项需要在股东大会获得 2/3 以上的股东支持才能通过，因此持股超过 1/3 的股东具有"一票否决权"。超过 1/3 的相对控股由此成为股权结构设计十分重要的关键点。

在中国 A 股市场，持股超过 10% 的股东可以提议召开临时股东大会；在二级市场，一次性买入 5% 的股份，需要"举牌"进行信息披露；持股超过 3%，可以向股东大会提出议案①。

我们以腾讯为例，来了解一下同股同权构架下如何进行股权结构设计。

2004 年，腾讯在香港上市，马化腾和腾讯另一位创始人张志东持股比例合计为 20.86%，大大低于大股东南非传媒集团 Naspers，那么，持股比例并不高的马化腾为什么能一直牢牢掌控腾讯呢？

_____

① 正在修订的《公司法》拟将股东临时提案的门槛，从原来的持股 3% 降为单独或者合计持有公司股份 1% 以上。

- 在主要股东之间达成股权协议。按照腾讯招股说明书，在董事会组织中，创始人马化腾团队提名董事人数和大股东 Naspers 提名人数相等，其中马化腾、刘炽平由马化腾团队提名，另外两名董事由 Naspers 提名。4 名独立非执行董事的提名同样如此，其中李东生、杨绍信这两位独立董事由马化腾团队提名。公司 CEO 由马化腾团队提名，并最终由马化腾兼任，CFO 则由 Naspers 提名。

- 提高了股东大会决议通过的门槛。腾讯创始团队与 Naspers 约定，公司所有股东大会或董事会决议案，必须由股东大会或者董事会出席投票，超过 75% 的与会股东或董事通过才有效，而不是简单地由多数投票来决定。这使得持股比例不高的马化腾行使"一票否决权"成为可能。

同股同权构架下加强公司控制

在同股同权构架下，股东股权集中的潜在问题是持有成本高。一方面，丧失流动性收益，有损失；另一方面，不能分担风险，把鸡蛋放在了同一篮子里，有成本。那么，在同股同权构架下，有没有可能的制度设计，一方面使主要股东持股比例不高，另一方面却可以保持主要股东对公司的控制呢？

换言之，面对分散股权时代的"野蛮人"出没和互联网时代加剧的信息不对称问题，我们不想丧失控制权，同时又不想把太多的资金沉淀在一家公司，如何做到"鱼和熊掌兼得"？

在同股同权构架下，我们可以通过以下三种隐蔽和潜在的方式，在持股比例不高的前提下加强对公司的控制。

第一，部分股东之间签署一致行动协议。

一致行动协议是部分股东就特定的股东大会决议事项达成的、按照事先约定的方式行使表决权的一种协议。协议各方的表决意见应与协议中核心成员的意见保持一致，或协议其他各方直接将表决权委托给核心成员行使。以下是北京佳讯飞鸿电气股份有限公司（简称佳讯飞鸿）的案例。

> 2011年，通信信息领域的公司佳讯飞鸿在中国A股上市。主要股东和创业团队林菁、郑贵祥、王翊、刘文红、韩江春等签署了《一致行动协议书》，约定在行使召集权、提案权、表决权时采取一致行动，共同行使公司股东权力。通过签署上述一致行动协议，持股仅20.7%的第一大股东，同时兼任董事长和总经理的林菁，获得了全体协议参与人合计持有的66.1%的表决权的背书，使林菁在股东大会相关议案表决中的影响力变得举足轻重。

在我和我的团队完成的以2007到2021年为样本观察期的实证研究中，中国非国有上市公司中大约有567家曾签署一致行动协议，占全部非国有上市公司的 21.23%。

在样本观察期的这些公司中，平均持股比例仅为 27.47%
的实际控制人（以协议中实际控制人持股比例衡量），通过一
致行动协议获得了平均 48.15%（以协议参与人合计持有股份
比例衡量）的表决权。超过签署协议公司 1/2 的实际控制人通
过一致行动协议实现了相对控股。

在创业团队核心成员特征上，持股比例较低，更倾向于签
署一致行动协议；在产业特性上，高科技企业在 IPO 时更可
能签署一致行动协议。

资本市场对部分股东签署一致行动协议这件事的反应是正
面积极的。这一定程度上表明，市场愿意向在高科技行业中创
业团队签署一致行动协议的企业支付高的溢价。这集中体现在
这些签署一致行动协议的公司的股票受到投资者追捧。

部分股东签署一致行动协议的高科技企业，在研发投入本
身与研发队伍建设上投入比重明显较高，但我们并未发现实际
控制人对上市公司资源的"隧道挖掘"显著增加，同时这样的
企业未来绩效表现良好。

这有点类似于专利制度。专利制度虽然以收费的方式阻止
了专利的扩散，但鼓励了对专利研发的投入，使全社会出现了
更多的专利。一致行动协议允许部分股东"结盟"，似乎对其

他股东的利益构成威胁，但却鼓励了结盟的股东投入更多的人力资本，使所有股东从中受益。

在上述意义上，我们把"一致行动协议"称为"资本市场的专利制度"。

第二，主要股东推出防御型员工持股计划。

除了用来激励员工，员工持股计划有时也被主要股东当作加强公司控制的手段。员工持股计划的推出动机由此变得复杂。以下是安利股份防御型员工持股计划的案例。

> 股权结构分散的安利股份第一大股东安利投资，持股比例仅为 21.90%，且与其他股东不存在一致行动关系。2017 年，安利股份由于业绩大幅下滑，引发股价直线下跌。面对陡然增加的被收购风险，安利股份推出员工持股计划。在该员工持股计划实施方案中，控股股东甚至直接向员工提供借款，同时对员工自筹部分的资金年化收益率提供保底承诺。这一操作被多家媒体评价为抵御"野蛮人"入侵的"连珠弹"。

我们的研究表明，当实际控制人持股比例低、股权结构分散、面临被收购风险时，上市公司更有动机实施防御型员工持股计划。而在实施防御型员工持股计划后，这些上市公司下一年度被举牌次数显著降低，与此同时，董事长任期显著延长。

因而，防御型员工持股计划的推出有助于保证主要股东的稳定和加强对公司的控制。

但是，由于主要目的是防御"野蛮人"入侵，上述防御型员工持股计划的激励效果并不明显，这些企业的绩效表现也往往不尽如人意。那么，与出于激励员工目的的员工持股计划相比，防御型员工持股计划具有哪些典型特征呢？

我们的研究表明，在实施方案中，融资杠杆比例更高、主要股东直接向员工提供担保的员工持股计划，其防御"野蛮人"入侵的意味往往大于激励员工的意味。

第三，主要股东利用在董事会组织中的影响力，超额委派董事。

超额委派董事指的是主要股东委派董事的比例超过其持有的股份比例。通过超额委派董事，主要股东在董事会的话语权被放大。以第 1 章提及的南玻 A 的董事会组织为例，在 9 名董事会成员中，除了 3 名独立董事，持股总计 26.36% 的宝能系委派了 6 名非独立董事中的 3 名，占全部非独立董事的 50%。

如果将在上市公司和实际控制人所在的公司同时任职，且不在上市公司而在实际控制人公司领取薪酬的董事视作由实际控制人委派的董事，我们的一项研究表明，2003 年至 2021 年，平均每年至少有 15% 的上市公司存在实际控制人超额委派董事的现象。截至 2021 年，超额委派董事的公司已达 1 489 家，占当年全部上市公司的 31.82%。这是目前可公开获得的数据中，对超额委派董事最窄的统计口径。考虑到通过亲缘、朋友、同乡和校友等社会联结形成的"事实"委派，实际控制人超额委派董事的实际情形远远被低估，造成的真实的经济后果也更为严重。

我们的研究发现，在超额委派董事比例越高的企业，实际控制人以关联交易等方式进行"隧道掏空"上市公司资源的行为越严重，企业未来的经济绩效表现也越差。超额委派董事由此成为主要股东赤裸裸加强对公司控制的方式。

鉴于第一大股东超额委派董事将带来更多损害外部股东利益的关联交易，因此，我们并不鼓励第一大股东超额委派董事，而是主张对第一大股东委派董事的比例设置天花板。但我们鼓励非第一大股东超额委派董事，因为这有利于形成制衡的股权构架，防范内部人控制问题的出现。

我们以被誉为"国企混改第一股"的中国联通为例。虽然中国联通所处的基础战略性行业需要国资控股，但为了鼓励民资背景的战略投资者 BATJ 参与联通混改，实现合作共赢的"激励相容"，持股比例最高不超过 5% 的 BATJ 在中国联通的 8 名非独立董事席位中各占一个席位。非主要股东超额委派董事有利于提高战略投资者的话语权，保障战略投资者的权益。这是中国联通混改的成功之处。

同股同权架构下，加强对公司控制的 3 个方法

- 部分股东之间签署一致行动协议。

- 公司推出防御型员工持股计划。

- 主要股东利用在董事会组织中的影响力超额委派董事。

以上讨论表明，尽管主要股东持股比例不高，但依然可以通过部分股东签署一致行动协议，或者推出防御型员工持股计划，或者在董事会组织中超额委派董事等方式，达到加强对公司控制的目的。

公司治理的实践

大型金融机构：从所有者缺位到治理缺失

中国大型金融机构在资本市场的制度背景下和长期的治理实践中，逐步形成了不同于其他行业的独特治理构架。概括而言，中国大型金融机构一方面在内部受到国有控股大股东主导的公司治理制度的约束，另一方面在外部受到对金融作为特殊行业的强势监管。二者的结合，共同构成中国大型金融机构面临的基础治理构架。

金融行业作为基础战略性行业，在国计民生中的地位独特，国有控股是中国大型金融机构主要的股权结构安排形式。大型金融机构背后通常会存在一家国资性质的控股股东。大型金融机构基础的内部治理制度安排，就是在这家国资性质的控股股东及背后的实际控制人的主导下完成的。例如，董事的委派和董事会的组织，外部审计机构的聘请以及董事长和总经理的任免等，都是由这家控股股东一手操办的。这是大型金融机构治理实践的一个基本事实。面对外部分散股东之间普遍存在的"搭便车"倾向，大型金融机构至少在理论上具有持股比例较高的大股东，来承担更多具有准公共属性的监督职责，在公司治理实践中扮演积极角色。这看上去似乎与主流公司治理理论并不矛盾。

作为具有广泛外部性、服务涉及千家万户的特殊行业，与其他行业相比，金融行业受到更加严格的监管，这是大型金融机构治理实践中另一个不争的事实。例如，针对不同类型的金融机构，我们不仅分别设立了中国金融监督管理局与中国证监会等监管机构，而且设立了由中国人民银行牵头的国务院金融稳定发展委员会等监管协调机构。在众多行业中，这种监管力量的配置上是绝无仅有的。而金融机构作为具有广泛外部性的行业，面临更加严格监管的做法似乎与主流监管理论并不矛盾。

上述治理实践的基本事实表明，大型金融机构既存在大股东理论上的内部监督，又存在外部强力监管。然而，一段时期

以来，中国华融等大型金融机构依然不可避免地成为公司治理
问题爆发的重灾区，这究竟是什么原因呢？

事实上，一些大型金融机构治理问题的爆发，与在中国资
本市场制度背景下金融机构治理构架的独特性密不可分。

首先，传统公司治理理论认为，股东可以为可能做出的错
误决策承担责任，即使受益顺序排在最后，股东依然在公司治
理中处于权威地位。这集中体现在，围绕公司战略调整、并购
重组和董事会组成等重大事项，股东在股东大会上以集体表决
的方式进行最终裁决。股东作为公司治理权威的制度安排很好
地体现了法律上权利和义务对称的原则。

然而，在金融机构中，由于客户营运资金规模往往远远超
过股东出资规模，客户成为金融机构重要的利益相关方。因
此，金融机构的治理实践不仅强调应该关注股东利益最大化，
而且强调包括客户在内的各利益相关方之间的利益平衡，由此
成为利益相关者理论十分重要的政策场景之一。这使得在其他
行业的公司治理实践中，股东的权威地位在金融机构的治理构
架下日渐式微，甚至变得无足轻重。

其次，控股股东国有资本的所有者缺位容易滋生"中国式
内部人"控制问题。从 2013 年开始，中国启动以混合所有制
为典型特征的新一轮国企改制。混改试图解决的核心问题之一
是在国企中普遍存在的所有者缺位问题。当所有者缺位，花着

别人的钱办着别人的事时，将不可避免地导致内部人控制这一十分典型的公司治理问题。

需要说明的是，在中国国企中由于所有者缺位导致的内部人控制问题与英美等国的内部人控制问题并不相同。英美等国股权高度分散，外部接管威胁很难撼动股权激励下持续受益人的经理人地位。中国国企不仅存在名义上的控股股东，而且国企高管很少持股，但在为数众多的国企中依然出现了以董事长而不是经理人为核心的"中国式内部人"控制问题。而大型金融机构作为基础战略性行业，国有控股主导的事实决定了"中国式内部人"控制问题在大型金融机构中同样存在，甚至更加典型。

我们以曾一度遭受监管处罚和被迫改制的恒丰银行为例。改制前，恒丰银行的第一大股东是烟台国资委全资控股的烟台蓝天投资。而时任恒丰银行董事长的蔡国华曾经出任烟台市委常委、副市长和国资委党组书记。显然，烟台蓝天投资无法对蔡国华形成有效制衡和实质监督。在上述治理构架下，恒丰银行后来出现具有典型内部人控制特征的高管私分公款和损公肥私的员工持股计划等丑闻，丝毫不令人感到意外。

最后，高准入门槛决定的监管强势导致了金融机构内部治理的弱势。金融是特殊行业，金融的稳定事关经济系统运行的安全平稳。近年来我们不断防范系统性金融风险的出现，金融监管的弦绷得不可谓不紧，金融监管的砝码加得不可谓不重。

金融行业监管的强势造成金融机构的治理在很大程度上依赖监管机构的外在监督和检查，仰"监管"鼻息。这使得一些金融机构在不同程度上患上"治理监管依赖症"。换句话说，一些金融机构的公司治理不是依靠股东和董事，利用股东大会、董事会等现有的治理构架主动作为，而是依赖外部监管的监督检查消极被动作为。

上述三个因素共同导致了对传统企业相对有效的各种治理机制，在中国一些大型金融机构中"形同虚设"的后果，使金融机构面临不同程度的治理缺失问题。当与少数监管腐败联系在一起时，治理缺失的金融机构治理构架的最后一道大堤就会立即溃决。

那么，如何从根本上解决一些大型金融机构中存在的"所有者缺位"导致的"治理缺失"问题呢？概括而言，大型金融机构需要从监管依赖走向合规治理。

第一，大型金融机构引入背景多元的战略投资者，使虚化的所有者实化，重塑股东在公司治理中的权威性。

在正在积极推进的国企混改中，引入民资背景的战略投资者，实现所有制的混合成为关键举措。它的合理性在于通过"混"，为推动国企改革建立一种长效激励机制。盈利动机明确，出资参股的民资背景战略投资者将有效推动国企经营机制转变和公司治理完善，以实现自身的盈利目的，避免为可能做出的错误决策承担责任。由于大型金融机构是基础战略性行业，在分类推进的国企混改中并非重点和关键的领域。从解决金融机构同样面临的所有者缺位问题出发，我一直主张，大型金融机构同样需要开展一场混改。

混改引入战略投资者将为大型金融机构带来以下几个方面的变化。其一，在经营层面，股东利益实现的外在压力一方面将促使大型金融机构通过积极改进经营机制，增加盈利，回报股东投资；另一方面，原来"虚化的所有者"实化成股东后，将以自己出资参股的真金白银为自己可能做出的错误决策承担后果，这反过来将促进股东科学合理地制定相关经营管理决策。其二，在治理层面，盈利动机明确，同时需要为错误决策承担责任的战略投资者在公司治理中扮演十分重要的积极股东角色，认真履行对管理团队的监督职责。

大型金融机构混改的客观效果是，股东在公司治理中的权威性重新得到彰显，逐步摆脱目前很多大型金融机构存在的治理监管依赖症。这是重建大型金融机构治理构架的第一步。

第二，围绕一些大型金融机构突出的"中国式内部人"控制问题，大型金融机构需要在重塑股东权威性的基础上，通过形成制衡的股权结构——独立的董事会，走向合规治理。

战略投资者的引入在大型金融机构股东层面带来的直接变化将是，战略投资者将与以往在大型金融机构公司治理制度建设中占主导地位和起关键作用的控股股东之间形成制衡。引入的战略投资者不仅可以委派代表和反映自己诉求的董事，甚至可以超过持股比例，超额委派董事。

这是因为金融作为基础战略性行业需要维持国资控股地位，战略投资者在混改中能够保护自己的权益，实现激励相容，才愿意参与混改。比如中国联通在混改中创造了"在股东层面国资占优，在董事会层面战略投资者占优"的"中国联通混改模式"。而制衡的股权结构将成为金融机构自动的纠错机制，帮助金融机构及时纠正经营策略制定过程中存在的错误，避免在错误的道路上越走越远。

除了制衡的股东董事，走向合规治理的大型金融机构未来将聘请更多注重声誉的兼职独立董事。通过独立董事声誉市场的建设和遴选机制的完备，挑战管理团队决策成本较低的独立董事将逐步摆脱以往"花瓶"的形象，在日渐增强的股权纷争中扮演更加积极的角色。由制衡的股东主导的独立董事会，从对保障股东权益的角度出发，选聘具备良好能力、声誉和资质的专业会计机构，并使它们真正向董事会和股东负责。对于那些无法尽到独立审计义务，客观公正出具审计报告的会计师事务所，要及时清退和更换。

大型金融机构在从监管依赖走向合规治理的治理构架重建的过程中，还需要注意以下问题。

第一，大型金融机构从监管依赖走向合规治理，并不意味着监管力度从此不再需要加强，而是监管政策制定的重心需要做出重要调整。长期以来，违规处罚成本不高是中国一些金融机构违法违规行为屡禁不止的重要原因之一。加大处罚成本，对违法违规行为形成威慑，无疑是未来监管政策制定依然需要加强的方面。从上述重塑金融机构治理构架的目的出发，相关监管政策制定的重心应该做出以下重要调整。

- 从事前监管审核，更多转向事后的监管从严处罚。

- 监管政策制定需与强化合规治理联系起来，借助大型金融机构的治理构架更好地实现监管意图。例如，监管当局可以用大型金融机构董事会开展自查和信息披露的要求，来代替由监管当局主导的耗时耗力的检查。

- 监管政策的制定围绕如何加强大型金融机构的合规治理展开。例如，适当提高金融机构董事会中独立董事的比例；对大型金融机构所聘请的独立审计机构的会计能力和国际声誉等资质要求，予以更加严格的限制。

第二，大型金融机构从监管依赖走向合规治理，并不意味着不再需要对客户等利益相关者的利益进行保护，而是需要借助不同的机制为利益相关者的利益提供更加专业的保护。利益相关者理论对公司治理实践的误导之处在于忽视了一个事实：只有受益顺序排在最后的股东，才能够为自己可能做出的错误决策承担责任。向其中一方利益相关者负责（例如提高储户的存款利率）成为损害另一方利益相关者利益（例如提高工商企业贷款利率）的借口，强调金融机构对所有利益相关者负责恰恰意味着不需要对任何人负责，从而加剧了内部人控制问题出现的可能性，反而不利于对利益相关者利益的真正保护。

对利益相关者的利益，金融机构需要通过不同的途径予以保护。例如，对于营运资本规模超过股东投资的客户的权益是通过准备金和存款保险等制度以及违法后的高额民事赔偿，甚至集体诉讼制度来保障的。客户的利益保护不是金融机构停留在简单地鼓吹利益相关者"利益至上"的口号，甚至形式主义地让客户以某种方式参与治理的层面。

第三，大型金融机构从监管依赖走向合规治理，并不意味着公司治理制度从此可以包揽一切，而是通过外部监管和内部治理各司其职和专业化分工，共同提升大型金融机构的治理效率，实现良好的绩效表现。监管和治理有各自擅长的领域和作用的边界，二者合理分工可以很好地起到扬长避短、协同合作的效果。监管更加适合金融行业普遍存在的问题，令行禁止，立竿见影，但其缺陷是一刀切，缺乏针对性，往往社会实施成本较高；而治理则更加贴合不同金融机构的实际，对症下药，但其缺陷是见效慢，特别是当大型金融机构缺乏自我革新的勇气时，容易养虎遗患，酿成严重的治理危机。因而二者的有机结合和专业化分工才是大型金融机构最终走向良治的关键。

第 **6** 章

如何通过发行 AB 股形成
同股不同权构架

TRADEOFF

The Principles of
Corporate Governance

双重股权结构股票的发行

在同股同权构架下实现公司的控制，我们既可以选择通过超过一定比例的持股来直接实现，也可以在持股比例不太高时，通过签署一致行动协议，推出防御型员工持股计划以及在董事会组织中超额委派董事等方式来实现。

其实，为了实现互联网时代对业务模式创新的主导，创业团队（或者说"创业达人"）可以采用一种十分便捷的股权结构设计模式，那就是通过直接发行双重股权结构股票，形成同股不同权构架。这种股权结构设计模式对中国投资者而言相对陌生。

我们以于 1998 年创立，于 2004 年在美国纳斯达克上市的谷歌为例。

　　谷歌发行的股票分为 A、B 两类，其中向所有外部投资人发行的为 B 类股票，B 类股票每股只有 1 票投票权。谷歌的共同创始人劳伦斯·佩奇（Lawrence Page）、谢尔盖·布林（Sergey Brin）和时任 CEO 的埃里克·施密特（Eric Schnmidt）则持有每股对应 10 票投票权的 A 类股票。通过直接发行 AB 股，谷歌形成双重股权结构。

　　双重股权结构股票已经存在了上百年。由于违反了投资者更加认同的同股同权原则，作为一种"不平等投票权"，双重股权结构股票长期以来并没有获得公司治理主流理论和实践的认同。

　　哈佛大学哈特教授早期的研究就强调，股东"一股一票"的投票表决机制有助于减少内部人控制问题，保护中小股东权益。哈佛大学另一位教授施莱弗和他的研究团队，在 20 世纪末开展的评价各国法律对投资者权益保护程度的工作中，也认为没有实行"一股一票"不利于该国家和地区法律对投资者权益的保护。

　　但随着互联网时代的来临，为了主导业务模式的创新，越来越多的创业团队选择发行双重股权结构股票。2012 年在美国纳斯达克上市的 Facebook 同样选择了发行 AB 股。由美国斯坦福大学的两名辍学学生创立的视频社交网站 Snapchat，于 2017 年在美国纽约证券交易所上市时甚至开始发行 ABC 三重股权结构股票。

京东于 2014 年在美国纳斯达克上市时同样选择发行 AB 股。其中 B 类股票一股具有 1 票投票权，而 A 类股票一股则具有 20 票投票权。出资只占 20% 的创始人刘强东通过持有 A 类股票，获得京东 83.7% 的投票权，实现了对京东的绝对控制。而腾讯控股在 2021 年 12 月 23 日以中期派息的方式，将所持有的约 4.6 亿的京东股权发放给股东之前，持有京东 17% 的股份，为京东第一大股东。腾讯总裁刘炽平同时兼任京东董事。

由于美国较早开始接纳双重股权结构股票，中国很多优秀的高科技企业选择美国作为目标上市地。截至 2018 年年底，在 157 家以美国作为第一上市地的中国境内公司（所谓"中概股"）中，61 家公司采用了双重股权结构，占全部中概股的 38.85%。

2018 年，香港完成 25 年来最重要的上市制度改革，开始接纳和包容同股不同权构架。小米成为港股第一家发行 AB 股的企业。中国内地的 A 股迎头赶上，2019 年科创板创立后，允许发行 AB 股。2020 年 1 月 20 日，中国 A 股第一支同股不同权股票优刻得科技鸣锣上市。

为什么高科技企业偏好同股不同权构架

为什么在互联网时代，越来越多的高科技企业的创业团队，类似于 Snapchat 的两位"创业达人"那样，在上市时选择发行双重股权结构股票，形成同股不同权构架呢？

我们可以归纳出以下几方面的原因。

第一，双重股权结构股票的发行使得"野蛮人"难以觊觎创业团队的实际控制权，成为有效防范"野蛮人"入侵的股权结构设计。这将鼓励创业团队心无旁骛地致力于业务范式创新，持续不断地进行人力资本投资。这对于已经进入分散股权时代的中国资本市场同样具有十分重要的现实意义。一个明证是，在近十多年资本市场出现控制权变更的公司中，我们几乎看不到那些发行双重股权结构股票的公司。

第二，双重股权结构使得外部分散股东把在互联网时代自己无法把握，甚至"根本看不懂"的业务模式创新主导权，交给专业的创业团队，自己则"退化"为类似债权人的普通投资者，专注于风险分担，这种深度专业化分工带来了效率的提升。事实上，这是互联网时代越来越多的高科技企业选择发行双重股权结构股票的主要原因。

第三，双重股权结构股票发行向资本市场传递了创业团队对业务模式信心十足且不愿意放弃控制权的信号。这些积极的信号将有助于外部投资者识别和选择该项目。这与二手车交易类似，"旧车市场"由于信息不对称，导致逆向选择问题。一些卖主通过提供质量担保这一服务，使自己的旧车与其他卖主的旧车相区分，从而促成二手车交易完成。

概括而言，通过发行双重股权结构股票，形成同股不同权构架，创业团队从以往的"打工仔"转变为股东的长期合伙人，实现了从短期雇佣合约向长期合伙合约的转化。亚当·斯密曾经说过："在钱财的处理上，股份公司的董事是为他人尽力，而私人合伙公司的成员则纯粹为自己打算。所以，要想股份公司的董事们监视钱财用途，像私人合伙公司成员那样用心周到，那是很难做到的。于是，疏忽和浪费常为股份公司业务经营上难免的弊端。"一些高科技企业通过发行双重股权结构股票，将创业团队转变为合伙人，避免了股份公司业务经营上的疏忽和浪费。

如何实现创新收益和权益保护之间的平衡

发行双重股权结构股票，一个不容忽视的事实是，控制权配置权重会向少数创业团队倾斜。这使得创业团队能够为错误决策承担责任的实际投入与他们对公司重要决策的影响力不相匹配，这对外部分散股东的利益构成了威胁。这事实上是双重股权结构长期以来没有得到理论和实务认同的背后原因。

面对双重股权结构股票对外部分散股东权益损害的潜在威胁，无论创业团队还是外部分散股东，都逐步形成了一种共

识，那就是需要根据创业团队的经营状态，灵活调整创业团队
在公司重要决策中的话语权，实行"控制权的状态依存"。

这一措施集中体现在《公司章程》中相关"日落条款"的
引进。日落条款指的是《公司章程》中对创业团队所持有的 A
类股票转让退出和转为 B 类股票，以及对创业团队权力限制
的各种条款的总称。例如，为防止实际控制人 A 类股票表决
权的滥用或损害公司及其他中小股东的利益，一些发行 AB 股
的公司在《公司章程》中，对特别表决权作了限制性的规定。
例如，公司股东对下列事项行使表决权时，每一 A 类股份享
有的表决权数量应当与每一 B 类股份享有的表决权数量相同：

- 对《公司章程》作出修改。
- 改变 A 类股份享有的表决权数量。
- 聘请或者解聘公司的独立董事。
- 聘请或者解聘为公司定期出具审计意见的会计师事务所。
- 公司合并、分立、解散或者变更公司形式。

现在，"日落条款"已经成为双重股权结构股票发行的标
配，一定程度上改善了该股权结构存在的潜在设计缺陷。

我们预言，未来中国资本市场会有越来越多选择发行双重
股权结构股票上市的公司。

公司治理的实践

黄峥的卸任与拼多多公司治理构架的演变

2021 年 3 月 17 日，拼多多创始人黄峥在致股东的信中宣布卸任拼多多董事长，由联合创始人陈磊继任。而就在 9 个多月前，陈磊刚刚接棒黄峥辞任的 CEO 一职。拼多多由黄峥和陈磊等人于 2015 年创立，2018 年 7 月 26 日在美国纳斯达克上市。根据 2020 年第四季度及全年财报，拼多多年活跃买家数达 7.88 亿，超过淘宝和京东，成为中国用户规模最大的电商平台。

2018 年 7 月，拼多多在美国上市时，同时借鉴京东的双重股权结构和阿里巴巴的合伙人制度，形成了拼多多多元而独特的治理构架。拼多多一方面像京东一样直接发行 AB 股；另一方面设立具有直接任命执行董事和提名推荐 CEO 的权力，由黄峥、陈磊、孙沁（联合创始人）和范洁真（联合创始人）等为成员的合伙人，建立了类似于阿里巴巴的合伙人制度。

创始人黄峥持有投票权是 B 类股票 10 倍的全部 A 类股票，合计持股比例为 44.6%。黄峥通过持有具有超级投票权的 A 类股票，其投票权占比达 89%。

那么，随着黄峥的卸任，拼多多的公司治理构架发生了哪些变化和调整呢？

首先，拼多多由之前的同股不同权构架重新回到中国投资者更加熟悉的同股同权构架。

同股不同权构架由于投票权配置权重向创业团队倾斜，至少在形式上形成了表征决策错误责任承担能力的现金流权（黄峥出资占股东全部出资的 44.6%）与表征对重要决策影响力的控制权（黄峥占比达 89% 的投票权）的分离，形成了经济学意义上成本与收益不对称的"负外部性"。这使得创业团队在理论上具备了以损害外部分散股东的权益为代价，谋取私人收益的动机和条件。因而长期以来，同股不同权构架受到公司治理主流理论的批评。但投票权配置权重向创业团队倾斜则很好地鼓励创业团队向企业投入更多专用的人力资本，迎合了以互联网技术为标志的第四次产业革命浪潮对创新导向的组织重构的内在需求，为越来越多创新导向的高科技企业所青睐，并受到资本市场投资者的认同和追捧。例如，拼多多在美国纳斯达克上市当日，发行价从 19 美元大涨逾 40%，收于 26.7 美元，市值达 295.78 亿美元。

为了实现创新导向下投票权配置权重适度倾斜与外部投资者权益保护二者之间的平衡，近年来，公司治理实践中逐步出现了一些治理制度的创新。其中，"日落条款"就是上述制度创新的重要内容之一。

　　黄峥卸任，触发了拼多多《公司章程》中相关日落条款。其名下 1：10 的超级投票权随之失效，而黄峥是拼多多具有超级投票权的 A 类股票的唯一持有人。这意味着未来拼多多只有一类股票，重新回到同股同权构架。如果拼多多以往通过双重股权结构股票的发行，使黄峥在出资有限的情况下实现了对公司重要决策的主导，形成了"投入少但影响大"的控制权分布格局，那么，黄峥的卸任和公司治理构架的调整，则重新使拼多多股东的投资额所占的比例同时代表了其投票权的影响力，出资比例越高，则影响力越大。

　　中国 A 股在 2019 年 7 月科创板创立后，开始接纳和包容双重股权结构股票。2020 年 1 月 20 日上市的优刻得科技成为中国 A 股第一支同股不同权构架的股票。然而，迄今为止，中国 A 股上市公司并没有触发日落条款的任何案例。因而黄峥的卸任和拼多多公司治理构架的调整，为国内的投资者理解日落条款如何实现控制权的状态依存，如何实现投票权配置权重倾斜和投资者权益保护之间的平衡，提供了极好的案例。它将在一定程度上缓解中国为数众多的投资者对同股不同权构架创业团队潜在的道德风险问题的顾虑和担忧。拼多多的案例清晰地表明，由于日落条款的引入，把业务模式创新的主导权交给创业团队并不意味着主要股东完全放弃控制权，控制权的安排是状态依存的。

　　其次，虽然黄峥的超级投票权失效，但在《公司章程》修改之前，合伙人制度依然在拼多多的公司治理构架中发挥着基础性和关键性作用。因而，作为合伙委员会的重要成员，黄峥对于拼多多未来的董事会组织依然具有举足轻重的影响力。

经过向"繁星慈善基金"捐赠、向拼多多合伙人集体以及天使投资人 Pure Treasure Limited 公司的股份划转，黄峥的持股比例已从上市时的 44.6% 下降为卸任后的 28.1%。尽管如此，黄峥仍然为拼多多持股比例最高的第一大股东。黄峥在致股东的信中承诺，其名下股票将在未来三年内保持锁定状态，不会出售。

在解读"后黄峥时代"拼多多的公司治理构架演变时，一些媒体在强调黄峥对拼多多不容置疑的影响力时，更多地看到了在回归到同股同权构架后，黄峥依然保持第一大股东地位的事实。这里需要强调的是，合伙人制度同样是未来保证黄峥在拼多多公司治理构架中发挥重要影响力的基础性制度之一。

最后，拼多多在股东投票权履行问题上形成了一个独特模式。黄峥在致股东的信中宣布，他卸任后，他名下股份的投票权将委托拼多多董事会以投票的方式进行决策。

哈佛大学哈特教授将股东的权力区分为对公司重要事项在股东大会上进行最后裁决的剩余控制权，和受益顺序排在雇员、银行、政府等利益相关者之后，承担经营风险的剩余索取权，强调股东应该实现剩余控制权与剩余索取权的"匹配"，使"最后裁决"的权力和"承担责任"的义务相对应。然而，面对第四次产业革命对创新导向的组织重构的巨大现实诉求，在股权设计层面，股东权益履行将出现深度专业化分工趋势。

在普通股东着力风险分担的同时，专业决策权力更多集中到创业团队手中，实现了普通股东风险分担职能（剩余索取权）与创业团队集中决策职能（剩余控制权）这两种原本统一在股东权益履行的权力（产权）之间的专业化分工，从而实现了治理效率的提升。这事实上是双重股权结构股票和合伙人制度，在新经济企业控制权安排中十分盛行的背后原因。

未来股东投票权的履行将基于股东意愿满足的市场行为，委托给专业的代理投票机构，因而在股东投票权履行过程中同样出现了专业分工趋势。黄峥将其持有的股份的表决权委托给董事会履行，则成为这一趋势的一个新例证。但未来拼多多董事会基于怎样的代理投票表决协议来代替黄峥履行投票权力，以及该协议如何保护黄峥作为股东的权益，有待进一步观察。至少从目前来看，陈磊作为董事长的拼多多董事会深得黄峥的信赖，这是包括黄峥本人在内的拼多多创业团队在这次黄峥卸任事件中，试图向资本市场传递的强烈而明确的信号。

黄峥的卸任也为新经济企业，包括退休、传承等在内的企业制度建设带来一些值得思考的现象。

近来，由人均寿命的延长和人口老龄化问题引发的延迟退休趋势引起热烈讨论，竞争日趋激烈的新经济企业却出现了创始人提前退休这一相反的趋势。马云在 55 岁时辞任阿里巴巴的董事局主席，回归教育本业。57 岁的亚马逊创始人杰夫·贝佐斯（Jeff Bezos）也于 2021 年 7 月 5 日正式卸任亚马逊 CEO。而黄峥还不到 41 岁就卸任，希望未来努力成为"科学家的助理"。一些新经济企业由于创始人的提前退休，继任的年轻领导人是否更容易不落窠臼，推陈出新，脱颖而出，续写公司的辉煌，这有待观察。

很多传统企业在创始人年老体衰后，不得不试图说服无兴趣的子女继承家业，在思考如何实现企业传承的问题时，一些新经济企业创始人却简单遵循资本市场的基本规则和内在逻辑，自动实现了企业的有序有效传承。然而，只有在激烈的市场竞争中找到一个真正能创造出新的盈利模式的继承人，才能保证创始人手中的股票不会变为废纸。马云对张勇进而蔡崇信的选择逻辑如此，黄峥对陈磊的选择逻辑同样如此。

第 7 章

只发行一类股票，如何变相形成
同股不同权构架

TRADEOFF

The Principles of
Corporate Governance

阿里巴巴的合伙人制度

通过谷歌和京东的案例，大家了解了互联网时代高科技企业的创业团队为了实现对业务模式创新的主导，通过发行双重股权结构股票形成同股不同权构架，从而实现投票权的配置权重向创业团队倾斜。

除了以直接发行双重股权结构股票的方式，形成投票权配置权重向创业团队倾斜的同股不同权构架外，一些高科技和独角兽企业还通过合伙人制度、有限合伙构架等形式，在只发行一类股票的情况下变相形成同股不同权构架。

让我们以阿里巴巴为例，学习如何通过合伙人制度实现股权结构设计的制度创新。

北京时间 2014 年 9 月 20 日,阿里巴巴在美国纽约证券交易所成功上市。阿里巴巴上市时只发行了一类股票。如果仅看当时的股权结构,我们很容易把阿里巴巴认为是一家外资公司。

阿里巴巴上市时,第一大股东是日本首富孙正义控股的软银,持股 31.8%,第二大股东是持股 15.3% 的雅虎。包括马云、蔡崇信等在内的阿里巴巴合伙人团队,加在一起共同持有的阿里巴巴股份仅为 13%,而马云本人仅持股 7.6%。我们的问题是,阿里巴巴是一家日资企业吗?或者说,马云等是在为日本人打工吗?

阿里巴巴在纽约证券交易所上市时并未像京东那样发行投票权不同的两类股票,而是仅仅发行了一类股票。但是,基于主要股东之间的股权协议和大股东认同下的合伙人制度,只发行一类股票的阿里巴巴变相形成了同股不同权构架。

上述说法的一个明证是,当阿里巴巴试图在当时仍然奉行同股同权原则的香港交易所提出上市申请时,由于违反同股同权原则而遭到拒绝。

香港交易所于 2018 年 4 月完成了 "25 年以来最具颠覆性的上市制度改革"[①],开始接纳同股不同权构架的公司赴港上

---

① 香港交易所前行政总裁李小加语。

市。2019 年 11 月 26 日，在时隔 5 年之后，阿里巴巴以第二上市的方式回到上市申请曾经被拒的香港交易所。

那么，什么是合伙人制度呢？

在主要股东的支持下，阿里巴巴的《公司章程》规定，以马云为首的阿里巴巴合伙人有权任命董事会的大多数成员，集体成为阿里巴巴的实际控制人。阿里巴巴大部分的执行董事和几乎全部高管都由阿里巴巴合伙人成员担任。

需要说明的是，阿里巴巴的合伙人制度不仅仅是马云与他的事业伙伴之间的"合伙"，同时也是马云等阿里巴巴合伙人与阿里巴巴主要股东软银和雅虎之间的"合伙"。

而主要股东软银和雅虎与阿里巴巴合伙人"合伙"的前提是，马云不仅需要在阿里巴巴投入能够为错误决策承担后果的"可承兑收入"，而且需要具有"业务模式创新引领者"的良好声誉。

从 2009 年起，阿里巴巴"人为"打造的"双十一"网购狂欢节，不仅成为中国电子商务行业的年度盛事，并且逐渐影响到国际电子商务行业。

作为在大股东支持下，基于合伙人制度变相形成投票权配置权重向阿里巴巴合伙人倾斜的同股不同权构架，阿里巴巴合伙人制度无疑具有了同股不同权架构的一般特征。例如，能够防范"野蛮人"入侵，鼓励阿里巴巴合伙人进行持续的人力资本投资；实现阿里巴巴合伙人主导业务模式创新与软银、雅虎等外部股东分担风险之间的深度专业化分工，提升效率；在互联网时代信息不对称的背景下，进行信息传递，帮助投资者识别潜在的项目，解决逆向选择问题；使以往的短期雇佣合约向阿里巴巴合伙人之间、合伙人与主要股东之间长期合伙合约转化，实现合作共赢。

在这样的"长期合伙合约"制度下，阿里巴巴合伙人成为阿里巴巴"不变的董事长"或者说"董事会中的董事会"，实现了"铁打的经理人，铁打的股东"。

除了具有双重股权结构的一般特征，阿里巴巴合伙人制度还具有以下独特制度优势。

- 管理团队的"事前组建"。合伙人成员事前形成阿里巴巴管理团队的基本构架，成为阿里巴巴未来管理团队稳定的人才储备库。
- 实现公司治理机制的前置。阿里巴巴通过"事前组建"的管理团队，预先通过共同认同的价值文化体系的培育和股权激励计划的推行，使公司治理制度设计试图降低的私人收益不再成为合伙人追求的目标，从而使现代股份公司普遍面临的代理冲突在一定程度上得到缓解。

你也许会想到，没有日落条款，阿里巴巴的合伙人制度能否有效制衡少数人在成功后，由于人性弱点导致的膨胀呢？

阿里巴巴的主要股东虽然把实际控制人的地位让渡给阿里巴巴合伙人，但却可以发起要约收购[①]，可以"以脚投票"。阿里巴巴合伙人成员之间同样成为彼此制衡的力量，这使得马云的"膨胀"仅仅停留在对唱天后、演绎传奇、拍电影等个人爱好的满足上。

在 2019 年 9 月 10 日"阿里巴巴 20 周年"年会上，马云宣布正式退休。马云当时提到，"今天不是马云的退休，而是一个制度传承的开始；今天不是一个人的选择，而是一个制度的成功"。

马云这里提到的制度传承得以顺利推进的关键制度无疑就是合伙人制度。因而，阿里巴巴的合伙人制度成为股权结构设计上的重要创新。

最后，软银等股东虽然看上去主动放弃了控制权，但软银孙正义在一次接受媒体采访时说，在他投资的 800 多个项目中，很多项目投资是失败的，但投资阿里巴巴的成功使他长期保持日本"首富"的地位。所以，控制权不是必须用来全面加

---

① 指收购人向被收购公司发出收购的公告，待被收购公司确认后，方可实行收购行为。——编者注

强的，有时也需要适度放弃。

2023 年春夏之交，随着软银退出和阿里分拆，合伙人制度画上了句号。

蚂蚁集团的有限合伙构架

除了合伙人制度，在中国资本市场的制度背景下，一些公司通过有限合伙构架同样变相形成了同股不同权构架。

蚂蚁集团原来计划在 2020 年秋季在内地和香港同步上市，但由于外部监管环境的改变而暂停上市。下面以该企业为例，讨论如何通过有限合伙构架来实现控制权的倾斜配置。

有限合伙架构最早起源于 10 世纪前后的意大利，当时被称为康曼达契约（Commenda），在证券投资基金合伙制企业组织中普遍使用。在一家合伙制企业组织中，合伙人分为两类：普通合伙人和有限合伙人。其中普通合伙人负责投资管理，代表有限合伙人履行投票表决等股东权利，而有限合伙人则以认缴的出资额为限，对合伙企业债务承担责任。由于有限合伙人不是法人，享受免税待遇等诸多优势，有限合伙构架成为股权投资基金等十分青睐的组织形式之一。而一家或几家有限合伙企业成为一家股份公司的主要股东，由此形成我所谓的有限合伙构架。

有限合伙构架的核心逻辑是：负责投资管理的普通合伙人与负责风险分担的有限合伙人之间的专业化分工带来股东治理效率的提升。

接下来让我们了解一下蚂蚁集团是如何基于三层的有限合伙构架，完成股权结构设计上的制度创新。

第一层，马云相对控股有限责任公司杭州云铂，该公司同时隔离有限合伙投资协议中普通合伙人为其债务承担的无限连带责任。

持有杭州云铂 34% 股份的马云，与井贤栋、胡晓明和蒋芳签署《一致行动协议》。杭州云铂行使股东权利时，需经过股东所持表决权的 2/3 以上批准，马云拥有一票否决权。

第二层，两级 5 家有限合伙企业。

在 5 家有限合伙企业中，马云相对控股的杭州云铂成为执行合伙事务的普通合伙人，代表杭州君洁、君济、君瀚和君澳等 5 家有限合伙企业履行所持有的蚂蚁集团股份的股东权利。而蚂蚁集团主要高管则以不同的持股比例，成为上述 5 家有限合伙企业的有限合伙人。其中上一级的杭州君洁和杭州君济同时是下一级的杭州君瀚和杭州君澳的有限合伙人。

第三层，持有蚂蚁集团 29.9% 的杭州君瀚和持有蚂蚁集团 20.7% 的杭州君澳，合计持有蚂蚁集团 50.5177% 的股份。

在第一层杭州云铂相对控股的马云，通过使杭州云铂成为第二层众多有限合伙企业执行合伙事务的普通合伙人，间接控制在第三层的蚂蚁集团的两家主要股东，最终成为蚂蚁集团的实际控制人。

2023 年 1 月，蚂蚁集团公布了关于持续完善公司治理制度的公告。相关一致行动协议的解除与普通合伙人的分拆和新设，表决权的调整，使马云不再是蚂蚁集团的实际控制人，但蚂蚁集团通过有限合伙构架变相形成同股不同权构架的逻辑未变。

有限合伙构架形成了股东权利实施在普通合伙人和有限合伙人之间的深度专业化分工。在蚂蚁集团的有限合伙构架下，一方面，控制权向少数执行合伙事务的普通合伙人的创业团队倾斜，有助于他们持续主导业务模式的创新；另一方面，蚂蚁集团的管理团队和核心技术人员，作为有限合伙构架下的有限合伙人，与创业团队一同分担蚂蚁集团未来的经营风险。

与此同时，比阿里巴巴合伙人范围更加广泛的管理团队和核心技术人员成为内嵌在有限合伙构架下的股权激励计划的受益人。有限合伙构架由此将管理团队和核心技术人员的利益与创业团队的利益紧紧捆绑在一起，缓解了管理团队和核心技术人员与创业团队之间的代理冲突，激励这些重要员工持续进行人力资本投资。

有限合伙构架所特有的促进股东权利实施的深度专业化分工，形成协调双方利益的长期激励机制，最终提升了蚂蚁集团的经营效率。

因此，我认为蚂蚁通过有限合伙构架，变相形成了投票权配置权重向创业团队倾斜的特殊的同股不同权构架，这同样成为中国资本市场制度背景下股权结构设计的重要制度创新之一。

无独有偶，在 2013 年启动的新一轮国企混改中，重庆钢铁和格力电器都引入了有限合伙构架。

重庆钢铁的主要股东长寿钢铁采用的是以四源合股权投资管理有限公司作为普通合伙人的有限合伙企业。而四源合股权投资管理有限公司的第一大股东是罗斯公司（WL ROSS），该公司擅长重组钢铁等行业的破产企业，曾成功并购重组美国第二大钢铁公司伯利恒钢铁公司和美国第四大钢铁公司 LTV。

按照时任重庆钢铁董事长周竹平的说法，四源合股权投资管理有限公司仅仅派了"5 名既不炼钢也不炼铁"的高管，就实现了重庆钢铁经营机制的转化，多年亏损的重庆钢铁扭亏为盈。

另外一个借助有限合伙构架实现公司控权制安排的是格力电器。2019 年 12 月 2 日，格力集团与高瓴资本旗下的珠海明骏签署格力电器股份转让协议。股权转让完成后，珠海明骏以 15% 的持股比例成为格力电器新的大股东。而珠海明骏同样是有限合伙构架。

- 第一层是珠海毓秀，由珠海格臻持有控制性股份 41%，而珠海格臻由董明珠持股 95.2%；
- 第二层是由珠海毓秀作为普通合伙人的珠海贤盈；
- 第三层是珠海贤盈作为普通合伙人，高瓴资本旗下的深圳高瓴瀚盈投资咨询中心、珠海博韬等作为有限合伙人的珠海明骏。

珠海国资委全资的格力集团在格力电器股票价位合理的区间转让格力电器 15% 的股份，套现 400 多亿。格力集团由原来承担主要监督职责的大股东演变为"搭便车"的财务投资者。在格力电器的有限合伙构架下，董明珠管理团队任何可能损害股东利益的高管超额薪酬等行为，都将受到高瓴资本基于有限合伙投资协议的制衡。作为对照，国资华科作为联想集团的大股东，对联想高管获得的超额薪酬则负有无法推卸的责任。

格力股改引入的有限合伙构架，一方面使原来所有者缺位的国资的股东责任得到"部分实化"，使有限合伙构架下的珠海明骏真正承担起监督格力电器管理团队的公司治理职责。另一方面，在珠海明骏内部，董明珠团队和高瓴资本实现了日常经营和风险分担的深度专业化分工，治理效率得到极大的提高。因此，我把格力电器 2019 年完成的股改称为国企改制走完的"最后一公里"。

根据在 IPO 招股说明书中披露的信息，从 2014 年到 2021年底，在中国 A 股的上市公司中，593 家公司的实际控制人在IPO 时构建了有限合伙构架，约占同时期内 A 股上市的非国有公司的 29.13%。

分散股权时代需要加强创业团队的控制权，互联网时代需要鼓励核心员工长期开展人力资本投资。正是由于迎合了这些现实诉求，有限合伙构架成为创新导向新经济企业潜在的控制权安排构架和股权结构设计的方案之一。

公司治理的实践

蚂蚁集团的有限合伙构架和控制权安排背后的治理逻辑

蚂蚁集团原计划于 2020 年 11 月 5 日在上海证券交易所科创板和香港交易所主板同步上市，但由于外部监管环境发生了变化，暂缓上市。从蚂蚁集团此次上市准备过程中发布的招股说明书中，我们看到，蚂蚁集团基于有限合伙构架形成的控制链条，最终完成了控制权倾斜的配置安排。

虽然由于监管环境的变化暂缓上市，但蚂蚁集团为上市公司如何利用有限合伙构架完成公司倾斜的控制权配置安排，进而为公司治理理论界和实务界更好地理解控制权配置背后的治理逻辑，提供了经典案例。那么，蚂蚁集团采用有限合伙构架实现控制权配置的背后体现了怎样的治理逻辑呢？

首先，通过设立有限合伙构架，实际控制人实现了对即将上市的蚂蚁集团的控制。

除了有限合伙构架，实际控制人还可以借助形成金字塔式控股结构链条和直接或变相形成同股不同权构架来实现公司控制。其中，直接形成同股不同权构架的典型案例是发行 AB 双重股权结构股票的京东，而变相形成同股不同权构架的典型案例是阿里巴巴的合伙人制度。我们将上述三种实际控制人用来实现公司控制的方式的比较总结在表 7-1 中。

表7-1　实际控制人用来实现公司控制方式的比较

	现金流权与控制权分离程度	控制权配置的方向	实现形式	是否内嵌股权激励计划	税赋水平	总体实施成本
金字塔式控股结构	弱（金字塔结构的层级）	金字塔塔尖的最终所有者	明显（资本系族）	否	高（缴纳公司间股利税）	高（控股链条的形成）

续表

	现金流权与控制权分离程度	控制权配置的方向	实现形式	是否内嵌股权激励计划	税赋水平	总体实施成本
同股不同权构架	中（A类股票的表决权的倍数）	A类股票的持有人	明显（不平等投票权）	是	低	中（标配"日落条款"）
有限合伙构架	强（出资比例占有限合伙企业的比例）	执行合伙事务的普通合伙人	相对隐蔽	是	低（非法人免税）	低

从现金流权（收益权）与控制权的分离程度来看，在传统的金字塔式控股结构中，二者的分离程度相对较弱，这主要取决于金字塔式控股结构的层级；在同股不同权构架中，二者的分离程度相对居中，这主要取决于 A 类股票投票权高于 B 类股票投票权的倍数；而在有限合伙构架中，负责执行合伙事务的普通合伙人，通过有限合伙投资协议，往往可以撬动比金字塔式控股结构和同股不同权构架多得多的有限合伙人投入的资金，可以形成现金流权与控制权最大限度的分离。

例如，在 2019 年 12 月的格力股改中，从格力集团手中收购格力电器 15% 股份的珠海明骏，成为格力电器新的大股东。而在珠海明骏出资 99.96% 的深圳高瓴瀚盈投资咨询中心是有限合伙人，出资仅 0.04% 的珠海贤盈则是负责执行事务的普通合伙人。

从投票权配置权重的倾斜方向来看，金字塔式控股结构指向处于金字塔式控股结构塔尖的最终所有者，同股不同权构架则指向持有更高投票权的类别股票持有人，而有限合伙构架则指向执行合伙事务的普通合伙人。

从实现形式来看，金字塔式控股结构往往形成庞大的资本系族，产生广泛的政治、经济、社会影响，实现形式十分明显；被称为"不平等投票权"的同股不同权构架，由于有违资本市场长期奉行的同股同权原则，实现形式也相对明显；而有限合伙构架与前两种实现方式相比，至少在形式上需要对上市公司股份有直接大比例的持有，同时一些有限合伙构架由员工持股计划改造而来，推出股权激励计划的动机往往掩盖了实际控制人加强公司控制的动机，因而在实现形式上显得相对隐蔽。

从是否内嵌股权激励计划来看，金字塔式控股结构需要单独设置，而同股不同权构架和有限合伙构架则往往内嵌股权激励计划，或者使投票权配置权重向创业团队倾斜，或者使有限合伙人成为股权激励计划的受益对象。

从税赋水平来看，面临缴纳公司间股利税（包括中国在内的一些国家尚未开征）的金字塔式控股结构的税赋水平，远远高于股东或合伙人直接纳税的同股不同权构架与有限合伙构架的税赋水平。

从总体实施成本来看，金字塔式控股结构由于要投入资金，形成控股链条，总体实施成本较高；有限合伙构架则基于有限合伙投资协议，操作简单便捷，实施成本低；而同股不同权构架则由于受到对外部分散股东权益保护不足的质疑，往往不得不标配确保控制权状态依存的"日落条款"等，总体实施成本介于金字塔式控股结构与有限合伙构架之间。

其次，通过有限合伙构架，蚂蚁集团内嵌股权激励计划，实现了对员工的激励。

在投票权向负责执行合伙事务的实际控制人倾斜的同时，有限合伙构架中的有限合伙人成为股权激励计划的受益人。《中华人民共和国合伙企业法》（简称《合伙企业法》）规定有限合伙企业由 2 个以上 50 个以下合伙人设立。受此限制，从 2012 年 12 月 11 日设立杭州君澳以来，蚂蚁集团每推出一次股权激励计划，就需要设立新的有限合伙公司扩容。截至 2020 年 11 月蚂蚁拟上市前，以有限合伙人身份成为股权激励计划受益人的蚂蚁集团高管共 39 位。

我们可以把股权激励实现方式概括为四种。

- 聘请专业资产管理机构代管的员工持股计划。
- 公司成立管理委员会自管的员工持股计划。
- 公司成立有限责任公司自管的员工持股计划。

● 蚂蚁集团上市时选择的有限合伙构架。

表 7-2 总结了对四种股权激励实现方式的比较。

表7-2　四种股权激励实现方式的比较

	激励动机	直接成本	税赋水平	控制权加强的意愿	是否与上市政策冲突	性质
聘请专业资产管理机构代管	单纯	管理费	低	弱	上市后推出	市场化员工持股计划
成立管理委员会自管	相对复杂	管理委员会兼任	低	相对强	管理委员会不能成为上市发起股东	标准的员工持股计划
成立有限责任公司自管	较为复杂	需要设立董事会	双重课税	较强	可以成为发起股东	防御型员工持股计划
有限合伙构架	复杂	成立方便，但合伙人不能超过50人，多层有限合伙人构架	低	强	可以成为发起人，员工股权变动不涉及工商注册登记	兼具激励员工和加强对公司控制功能的复合体

从表 7-2 看到，第一种，聘请专业资产管理机构代管的员工持股计划，在时间选择上往往是上市后推出，从激励动机来看，比较单纯，控制权加强的意愿并不强烈，因而在性质上属于市场化员工持股计划，但需要向资产管理机构支付管理费。

第二种，公司成立管理委员会自管的员工持股计划，从激励动机而言，并不能排除公司实际控制人希望通过兼任管委会负责人来加强公司控制的可能性，因而激励动机相对复杂。尽管管理委员会不能成为上市发起股东，但成立管理委员会自管是一些公司推出员工持股计划通行的做法，因而在性质上属于标准的员工持股计划。

第三种，公司成立有限责任公司自管的员工持股计划与第二种公司成立管理委员会自管的员工持股计划类似，不能排除实际控制人利用有限责任公司需要设立董事会，并通过实际控制人兼任董事长来加强公司控制的可能性，因而激励动机较为复杂。

如果说管理委员会在一定程度上具有员工民主管理的色彩，那么成立有限责任公司则将权力更多集中在实际控制人具有更大影响力的董事会。因而，在性质上，我们可以把第三种成立有限责任公司自管的员工持股计划，称为防御型员工持股计划。而第三种有限责任公司作为管理机构需要成立专门的董事会，与第二种由员工兼任管理委员会委员相比，实施的直接成本更高。

第四种有限合伙构架，合伙人可以成为公司上市发起人，员工股权变动不涉及工商重新注册登记，一方面可以作为实际控制人撬动资金，加强公司控制的实现方式；另一方面有助于实现对员工的股权激励，是兼具激励员工和加强控制功能的复合体。因而，实际控制人加强控制的意愿强烈，激励动机则相应地变得复杂。

从税赋水平来看，除了第三种成立有限责任公司涉及双重课税的问题，总体税赋水平较高外，其他三种的税赋水平都不高。

作为兼具股权激励和公司控制功能的有限合伙构架，在性质上十分类似于投票权配置权重向创业团队倾斜的同股不同权构架。在控制权向少数执行合伙事务的实际控制人倾斜的同时，有限合伙构架中的有限合伙人成为股权激励计划的受益人。因而，蚂蚁集团采用的有限合伙构架，一定程度上可以理解为是阿里巴巴合伙人制度变相形成的同股不同权构架的"升级版"。我们可以从以下三个方面理解从阿里巴巴的合伙人制度，到蚂蚁集团有限合伙构架的"升级"过程。

第一，从阿里巴巴"标配"股权激励计划"升级"到蚂蚁集团"内嵌"股权激励计划。

阿里巴巴合伙人合计持股 13%，永久合伙人马云和蔡崇信分别持股 7.6% 和 3.1%，其他高管和董事个人持股均低于 1%。合伙人被要求任期前 3 年持股总数不能低于任职日所持股票的 60%，三年后不得低于 40%，以限制合伙人转让股份。作为对照，蚂蚁集团对高管的股权激励计划捆绑在有限合伙投资协议下，由执行合伙事务的普通合伙人负责投资管理，代行股东权利的同时，集团的高管作为有限合伙人，成为股权激励计划的受益人。因而，蚂蚁集团以"内嵌"股权激励计划的方式实现了阿里巴巴"标配"股权激励计划的"升级"。

第二，实际控制权从阿里巴巴的合伙人集体持有，"升级"到蚂蚁集团有限合伙构架下负责执行合伙事务的实际控制人。

作为阿里巴巴的内部管理制度，合伙人制度对合伙人遴选、管理、退出有着十分详尽的规定。除了作为合伙人核心的马云和永久合伙人的蔡崇信，合伙人设立合伙人委员会负责主持合伙人遴选及其年终奖金分配等事宜。3 年任期的合伙人委员会成员，经合伙人投票差额选举产生。而对于那些未能履行合伙人义务，不能践行公司使命、愿景和价值观，存在欺诈、严重不当行为或重大过失的合伙人，可以经过半数出席合伙人的同意，免去其合伙人资格。天猫蒋凡被除名阿里巴巴合伙人是其实例。与阿里巴巴合伙人制度复杂详尽的规定不同，马云通过有限合伙构架的穿透，直接实现了对蚂蚁集团的实际控制。

第三，从阿里巴巴合伙人制度实施主要依赖股东的背书和谅解，"升级"到依赖有限合伙构架的投资协议。

阿里巴巴合伙人制度变相实现的同股不同权构架，很大程度上依赖马云和蔡崇信与软银和雅虎达成的股权协议。例如，软银将超出 30% 的股票投票权转交马云、蔡崇信代理，而在

30% 权限内的投票权将支持阿里巴巴合伙人提名的董事候选人。雅虎则统一将至多 1.215 亿普通股（雅虎当时所持 1/3，约占阿里巴巴总股本的 4.85%）的投票权交由马云、蔡崇信代理。上述构架的有序运行，一方面依赖阿里巴巴经营状况良好下主要股东的认同，以及出现状况后，与主要股东的有效沟通和充分谅解；另一方面则依赖作为阿里巴巴内部管理制度的合伙人制度的健康运行。然而，上述两方面都存在不确定性，这无形中增加了阿里巴巴合伙人制度变相实现的"同股不同权构架"的运行成本。在一定意义上，阿里巴巴的合伙人制度不可复制[①]。

作为对照，马云对蚂蚁集团控制权的配置则显得简洁明快，单刀直入，游刃有余。蚂蚁集团甚至在招股说明书中宣称，"并不存在公司治理的特殊安排"。马云在蚂蚁集团控制权设计理念上，开始从阿里巴巴合伙人制度依靠内部管理制度、合伙伙伴的谅解和企业文化，转向更多依靠受法律保护的投资协议。

那么，蚂蚁集团上市推出的有限合伙构架存在哪些潜在的问题呢？

首先，作为有限合伙构架下股权激励计划的受益人，高管

---

① 此部分内容可参见郑志刚、邹宇、崔丽发表于《中国工业经济》2016 年第 10 期的文章《合伙人制度与创业团队控制权安排模式选择——基于阿里巴巴的案例研究》。

投资者权益保护更多依赖有限合伙投资协议和《合伙企业法》的救济。受有限合伙企业的合伙人不能超过 50 人的法律限制，成为有限合伙人的高管以及身后的员工尽管不具备法律认可的股东身份，但能够依据有限合伙投资协议，享有类似股东分红权和股价升值权的经济受益权。有限合伙构架下作为有限合伙人的高管享有的经济收益权，在一定程度上类似华为的"虚拟股权"。

其次，与阿里巴巴合伙人制度相比，有限合伙构架下蚂蚁集团的控制权向普通合伙人中的实际控制人集中，缺乏身份平等的合伙人的制衡，容易出现"经济专制"。我们知道，最早被称为"湖畔花园合伙人制度"的阿里巴巴合伙人制度创立的初衷就是，希望通过合伙人制度打破传统管理体系的等级制度，改变以往合伙人之间简单雇佣关系的治理模式，使不同合伙人形成共同的价值观和愿景，反过来培育阿里巴巴独特的企业文化，以提升阿里巴巴的管理效率。因此，在蚂蚁集团未来的公司治理实践中，实际控制人和他的伙伴们如何建立平等对话的模式和自动纠错机制，是蚂蚁集团有限合伙构架面临的巨大挑战。

我们把马云所缔造的阿里巴巴和蚂蚁集团这两家公司的控制权配置特征的比较总结在表 7-3 中。

表7-3　阿里巴巴和蚂蚁集团的控制权安排特征比较

	投票权配置权重倾斜对象	实施效力	员工持股计划	实施成本
阿里巴巴合伙人制度	合伙人集体	主要股东背书和谅解的内部管理制度	配套	牵涉面广，不确定性大，实施成本高
蚂蚁有限合伙构架	作为执行合伙事务的普通合伙人中的实际控制人	受法律保护的投资协议	内嵌	简洁明快，游刃有余，实施成本低

从投票权配置权重倾斜的对象来看，阿里巴巴合伙人制度向合伙人集体倾斜，而蚂蚁集团的有限合伙构架则向作为执行合伙事务的普通合伙人中的实际控制人倾斜；从实施效力来看，阿里巴巴合伙人制度的实施主要依赖股东背书和谅解及内部管理制度的完善，而蚂蚁集团的有限合伙构架则依赖受法律保护的有限合伙投资协议；从是否关联员工持股计划来看，阿里巴巴合伙人制度需要单独设立配套的员工持股计划，而蚂蚁集团的有限合伙构架则是内嵌员工持股计划，有限合伙构架中的有限合伙人就是股权激励计划的受益人；从实施成本来看，阿里巴巴合伙人制度牵涉面广，不确定性大，实施成本高，而蚂蚁集团的有限合伙构架则简洁明快，游刃有余，实施成本低。

2023年1月，蚂蚁集团公布了关于持续完善公司治理制度的公告。相关一致行动协议的解除、普通合伙人的分拆和新设，以及表决权的调整，使马云不再是蚂蚁集团的实际控制人，但蚂蚁集团通过有限合伙构架变相形成同股不同权构架的逻辑未变。

由于有限合伙构架很好地平衡了员工股权激励问题与实际控制人对公司的控制问题，成为兼具股权激励和公司控制功能的复合型模式，近年来受到包括蚂蚁集团在内的一些公司的青睐。调查发现，在 2014 年之前，中国上市公司中鲜有以有限合伙构架参与公司控制的情形。而从 2014 年开始，该数量呈现稳定增长的趋势。通过成为有限合伙企业的普通合伙人，实际控制人实现了对上市公司的控制。可以预见，中国资本市场将会有越来越多的公司选择有限合伙构架实现实际控制人对公司的控制。

第 **8** 章

在分散股权时代，中小股东
如何保护自己的权益

TRADEOFF

The Principles of
Corporate Governance

股权结构设计的绝对主角是持股比例较高的主要股东和掌握某项特殊业务模式的创业达人，中小股东是否只能默默地提升自己"韭菜的修养"呢？事实上，处于信息弱势的外部分散中小股东，不仅是"中国式内部人"欺压的对象，也是隐身在复杂金字塔式控股结构下的"金融大鳄"欺压的对象。那么，中小股东自身权益受到侵害时，是不是只能选择"沉默是金"和"以脚投票"呢？

本章让我们来了解中小股东是如何奋起捍卫自身权益的。

"小股民起义"

除了大股东，小股民的诉求同样也是我们在进行股权结构设计时需要思考的重要内容，因为保护处于信息弱势地位的中小股东的权益，始终是公司治理制度设计的逻辑出发点。

第 5 章在讨论同股同权构架下的股权结构设计时，我曾经提到，股东合计持股超过 3% 时，拥有提案权；股东合计持股超过 10%，可以提请召开特别股东大会。

随着分散股权时代的来临，广大中小股东不再是"沉默的羔羊"，而是在现有投票规则下，揭竿而起，发动了媒体笔下所谓的"小股民起义"。他们一方面"动手"向股东大会提出新议案，另一方面"动口"说"不"，否决大股东在股东大会上提出的旧议案。

我们以媒体广泛报道的东方宾馆"小股民起义"的案例为例。

合计持有股份 3.15% 的个人股东王某华和梁某森于 2013 年 3 月 31 日向东方宾馆提交了《关于罢免公司全体董事的议案》临时提案。

在 2012 年 4 月 15 日召开的东方宾馆股东大会上，上述两位股东提交的罢免全体董事的议案虽然（在控股股东主导下）遭到股东大会的否决，但东方宾馆投资大角山酒店的关联交易议案，在控股股东回避表决后，在这次股东大会上同样被否决。

我们可以把小股东提出的《关于罢免公司全体董事的议案》临时提案视为"提出（不同于大股东的）新议案"的"动手"行为，把否决东方宾馆投资大角山酒店的关联交易议案视为"否决（大股东提出的）旧议案"，向旧议案说"不"的"动口"行为。"动手"和"动口"由此成为"小股东起义"的典型行为。

我和我的团队完成的以 2010 年到 2015 年为样本观察期的研究表明，中国 A 股市场共发生过 207 起"小股东起义"事件。其中，"动手"提出新议案涉及最多的事项是人事任免，如东方宾馆的小股东提出的《关于罢免公司全体董事的议案》临时议案。近年来，随着投资者权益保护意识的增强，"小股东起义"事件的数量呈现快速增长趋势。

小股民通过"动手"发动"起义"，直接导致董事会改组的典型案例发生在深康佳集团（下称深康佳）。2015 年 4 月 2 日，深康佳公告董事会换届选举。2015 年 5 月 15 日，合计持股占比 3% 的自然人股东夏锐等提名 4 人分别作为独立董事、非独立董事及监事候选人，持股占比 5% 的另两位机构投资者圣时和国元同样推荐了 4 名候选人。

2015 年 5 月 28 日，深康佳召开股东大会，4 名由中小股东提名的候选人凭借累积投票制，顺利进入公司第 8 届董事局，在总数为 7 人的董事局中占绝对多数。其中，两名代表自然人阵营，另外两名代表圣时和国元两位持股比例并不高的机构投资者。

"动口"否决旧议案涉及最多的事项是关联交易，如东方宾馆的中小股东否决的东方宾馆投资大角山酒店的关联交易议案。

当然，无论是"动手"还是"动口"，"小股民起义"更多发生在非国有控股的上市公司中，在国有控股上市公司中鲜有这样的事件发生。

另外，在目前已经发生的"小股民起义"中，我们观察到，股东单独提案占大多数，股东以个人名义提案占多数。这表明，在目前阶段，小股民还不适应"兵团作战"，而是喜欢"单打独斗"；不习惯通过机构做些什么，而是以一己之力尝试做些什么。

那么，什么样的公司更容易发生"小股东起义"呢？

我们观察发现，在第一大股东持股比例较小和非第一大股东的力量较为强大的公司，小股民"动手"提出新议案，发动"小股民起义"的可能性较大。

而无论是第一大股东持股比例的下降，还是第二到第十股东持股比例的上升，都与中国资本市场进入分散股权时代这一大背景密切相关。

我们同时发现，当独立性较弱的董事会不能很好地履行保护中小股东利益的职责时，中小股东会被迫奋起反击。而中小股东"动口"行使投票表决权，来否决大股东提出的议案的"小股民起义"主要发生在公司绩效较差的公司中。这表明，中小股东只有在切身利益受到损害时，才会站出来维护自己的权益。

从经济后果来看，虽然短期内"小股民起义"向市场传递了股东内部存在分歧的信号，市场总体反应为负面，但从长期看，"小股民起义"有助于企业对公司治理结构进行调整。这集中体现在，中小股东通过"动手"提名新董事的议案将对公司董事会成员的变更产生间接甚至直接影响。而公司治理结构的调整和完善，将最终使企业长期绩效得以提升。

通过"动手""动口"发动的"小股民起义"，成为中国资本市场进入股权分散时代，中小股东更加主动积极参与公司治理的典型特征。"小股民起义"由此也相应地成为中国资本市场进入分散股权时代重要的公司治理途径和潜在的公司治理机制之一。

险资等机构投资者的公司治理角色

我们知道，一家公司除了大股东和外部分散的中小股东，还包括险资、未来将入市的养老金等这些持股比例不大但也不小的机构投资者。提起作为机构投资者的险资，我们自然会联想到 2015 年以来，险资在二级市场频频举牌的现象。那么，包括险资在内的机构投资者在公司治理中究竟扮演了怎样的角色呢？在这里，我们需要了解机构投资者所扮演的公司治理角色的两面性。

我们的研究表明，从 2010 年险资入市门槛降低后，到 2016 年年底，被险资举牌的公司就有 77 家，共计 119 次。在万科股权之争爆发的 2015 年，41 家上市公司被险资举牌 69 次。其中，在由于增持超过 5%，需要信息披露的 119 次举牌中，大多数举牌增持股份比例超过 10%。

需要说明的是，这个统计数据尚不包括在二级市场没有达到 5% 这一举牌线的增持股份行为，因此还有不需要信息披露的险资增持股票行为。

单纯从险资举牌的短期市场反应来看，构成接管威胁的险资举牌行为，受到了投资者的认同和追捧，资本市场愿意向被险资举牌的企业支付高的溢价。

从企业长期绩效变化来看，无论是反映会计绩效的总资产收益率和净资产收益率，还是反映市场绩效的托宾 Q 和市场账面价值比，那些被险资举牌的企业与没有被险资举牌的企业相比，都发生了显著的提升。

那么，险资举牌为被举牌公司带来的这些直观变化，究竟是通过具体什么机制和路径实现的呢？概括而言，险资举牌是通过提高被举牌公司的股权制衡程度，来达到完善公司治理结构、提升公司绩效的目的的。

首先，险资举牌构成的接管威胁，将显著提高不称职的董事会和高管团队成员更迭的可能性，由此缓解"中国式的内部人"控制问题。

其次，险资举牌构成的接管威胁抑制了大股东以关联交易和资金占用等方式对上市公司资源的"隧道挖掘"行为，由此抑制了金字塔式控股结构下"金融大鳄"兴风作浪的问题。

上述证据表明，险资举牌所构成的接管威胁，开始在中国资本市场扮演重要的公司外部治理机制的角色。然而，一些举牌险资并没有将股票增持停留在财务投资者的边界，而是试图染指控制权。

我们的研究发现，在险资未染指控制权，谨守财务投资者边界的被举牌企业中，险资举牌构成的接管威胁将有效抑制大股东的"隧道挖掘"行为，提升的公司绩效。换言之，举牌险资如果试图染指控制权，将削弱抑制控股股东的"隧道挖掘"行为和提升公司绩效的能力。

2018 年 10 月，即举牌险资与"野蛮人"联系在一起的两年之后，银保监会主席郭树清表示，允许保险资金设立专项产品，参与化解上市公司股票质押流动性风险，不再将之纳入权益投资比例监管。有网友对此评论说，"银保监会这是要把中国证监会打跑的'妖精'请回来"。这些政策调整事实上与我们的观察相一致。

上述经验观察和政策调整共同表明了举牌险资所扮演的公司治理角色的复杂性：它既可能成为天使，也可能成为魔鬼。这取决于我们如何规范包括险资在内的机构投资者的举牌行为。

那么，我们应该如何规范包括险资、养老金在内的机构投资者的行为，使之成为合格的机构投资者呢？

第一，险资等机构投资者一旦成为第一大股东，委派的董事数量占董事会内部董事的比例应严格以持股比例为上限，避免"超额委派董事"。"血洗南玻董事会"这一惨痛的事件就是在宝能超额委派董事后发生的。做出上述限制将提醒险资等机构投资者将举牌行为停留在财务投资者的边界内。

第二，险资等机构投资者按持股比例委派的董事应更多行使监督职能，以保证机构投资者的合法权益不受侵害，而非越界插手上市公司日常的经营管理事务。解决代理冲突需要依靠激励机制的设计和治理结构完善来实现，而不是简单地由所有者来扮演也许并不称职的经营者的角色。

第三，鼓励险资等机构投资者从持有普通股转为持有优先股。持有优先股有利于险资等机构投资者投资的保值增值，优先股股东不具有表决权，这些特点可以从制度上防止机构投资者太多、不当干预并不擅长的生产经营活动等越界行为。

从观念上和相应制度上使险资等停留在财务投资者边界内后，如何进一步使他们扮演积极的机构投资者角色呢？险资等机构投资者至少可以通过以下三个途径来扮演积极的角色。

其一，"用脚投票"。机构投资者可以通过增持或减持所持的普通股或优先股，向资本市场和上市公司传递对所持股公司的治理状况、盈利前景判断的信号。大的机构投资者的减持行为往往会引发资本市场的连锁反应，使其他投资者纷纷减持，而这为真正的接管商"趁虚而入"创造了时机。为了避免机构投资者的减持，上市公司会努力改善公司治理体系，向股东提供尽可能高的回报。

其二，在股东大会上提出特别议案，甚至联合其他机构投资者否决有损外部分散股东利益的议案。例如，上海家化的几家机构投资者联合起来，在股东大会上否决了当时管理团队提出的并购海鸥手表的议案。持股比例超过 10% 的机构投资者在必要时还可以提议召开临时股东大会。

其三，险资等机构投资者还可以通过定期发布对持有股票的公司的治理状况排名，借助媒体的力量来履行监督职能。一个典型的例子是美国加利福尼亚州公务员养老基金。该基金每年按照股东回报、增加的经济价值、公司治理等指标列出业绩平淡公司的名单，然后派代表与名单上的公司谈判。如果这些公司拒绝接受改善公司业绩的建议，该基金将威胁名单公布于众。为了避免媒体曝光造成的高管个人声誉和公众形象的损失，这些公司往往愿意接受美国加州公务员养老基金的相关意见和建议。

这样的机构投资者不仅会成为分散股东中值得信赖的积极股东，而且也会成为上市公司完善公司治理结构的良师益友。

公司治理的实践

瑞幸咖啡财务造假，公司治理去哪儿了

2020 年 4 月 2 日，瑞幸咖啡财务造假丑闻曝光。根据瑞幸咖啡董事会特别委员会初步完成的内部调查显示，从 2019 年第二季度到 2019 年第四季度，瑞幸咖啡约有 22 亿元人民币的总销售额涉及虚假交易。在新冠肺炎疫情引发的恐慌在全球持续蔓延之际，公众对瑞幸咖啡财务造假丑闻的关注程度甚至一度超过疫情本身。在瑞幸咖啡自爆丑闻当日，相关新闻和评论在微信朋友圈持续刷屏。

瑞幸咖啡于 2017 年 10 月成立，2019 年 5 月 18 日在美国纳斯达克上市。从成立到 2019 年底，在短短两年多的时间里，瑞幸咖啡募集了超过 10 亿美元的资金，开出了 4 900 多家咖啡门店。不仅如此，瑞幸咖啡成立 18 个月就成功上市，刷新了中概股最快上市纪录。作为近年来独角兽企业的佼佼者和在美国上市的中概股的代表，瑞幸咖啡身上承载着国人不少期许和厚望。

很多读者在瑞幸咖啡财务造假丑闻曝光后好奇地问，难道瑞幸咖啡作为公众公司所建立的那些公司治理制度全都是摆设吗？更让人匪夷所思的是，瑞幸咖啡的财务造假丑闻竟然发生在堪称法规完备、监管严厉的成熟的美国资本市场！那么，在瑞幸咖啡财务造假之时，它的公司治理制度究竟去哪儿了呢？

资本市场设立的初衷是帮助需要外部融资的企业摆脱以往债务融资形成的硬预算约束限制，实现投资回报根据盈利状况灵活调整的权益融资。正是由于服务于权益发行、流通和转让的资本市场的存在，上市公司在完成 IPO 后，可以安心地用 IPO 所募集的资金从事生产经营活动，而无需像债务融资一样，考虑如何到期偿还本金利息的问题。

然而，当原本用来帮助企业实现外部权益融资的金融工具"上市"异化为一些机构或个人财富管理动机下的"目标"时，传统上用于确保投资者按时收回投资并获得回报的公司治理体系发生了扭曲。由于金融工具的目标化倾向，违反传统商业原则，成本投入和收益回报不对称的烧钱模式不仅被一些公司所接受，甚至受到纵容和欢迎。

在上述扭曲的公司治理体系下，公司治理中的主要股东的选择和董事会的主要成员委派，在金融工具目标化的动机驱使下，主要股东和董事会成员在相关议案表决上选择支持，而不是依据传统商业原则，阻止实际控制人启动烧钱模式。

由于金融工具目标化倾向和烧钱模式导致的瑞幸咖啡公司治理体系的扭曲，无论股东的制衡，还是董事会的监督，似乎都无法发挥预期的作用。那么，这是否意味着瑞幸咖啡从一开始就没有正常的公司治理体系，甚至设置的公司治理体系没有发挥任何作用呢？

这显然并非全部事实。作为确保投资者按时收回投资并取得合理回报的各种制度的总称，公司治理体系的任何环节发挥作用，都会导致类似瑞幸咖啡财务造假的丑闻的曝光。而这些行之有效的公司治理体系既可能来自公司内部，也可能来自公司外部；既可能来自事前，也可能来自事中甚至事后。

毕竟，在这些程序的履行过程中，瑞幸咖啡的任何违规行为不仅直接面临监管当局的处罚，而且为未来外部分散股东集体诉讼获得商业赔偿提供了相应的法律证据。

如果浑水公司发布的做空报告是瑞幸咖啡财务造假丑闻自

爆的导火索，那么，负责瑞幸咖啡财务审计的安永会计师事务所，则直接推动了瑞幸咖啡董事会成立独立委员会开展自查。在美国历史上，因业绩造假而导致退市的上市公司并不在少数。其中最具代表性的是 2001 年名列《财富》杂志"美国 500 强"第七名的安然公司（Enron Corporation）。在会计丑闻曝光后，安然宣布破产，董事长等相关主要责任人被判监禁 20 年以上，并导致时为全球五大会计师事务所之一的安达信会计师事务所解体。在这场会计丑闻之后，美国发布了包括著名的《萨班斯·奥克斯利法案》在内的众多新法规，进一步提高了对销毁、篡改、编造财会记录，试图妨碍联邦调查和欺骗股东行为的惩罚力度。

安永作为安达信解体后全球"四大"会计师事务所之一，当然十分清楚纵容包庇审计对象财务造假的直接后果。为了避免和曾经的竞争对手安达信同样的命运，同时出于维护自身声誉的考虑，安永推动瑞幸咖啡开展自查，甚至自爆财务造假丑闻。这样做，一方面避免了安永被迫决定是否出具审计报告的尴尬，另一方面则敦促瑞幸咖啡直面问题，"解铃还须系铃人"。作为上述猜测的一个证据，迫使瑞幸咖啡自爆财务造假丑闻的节点，选在了年报的信息披露之前。原因很简单，如果一家上市公司不能按时递交审计后的年报，会面临直接退市的严重后果。

而瑞幸咖啡董事会启动自查程序，很大程度上就是安永推动瑞幸咖啡自查的结果。按照美国监管处罚规则，如果一家公司财务造假，直接组织参与造假的执行董事将受到相应的监管处罚和商业赔偿，代表股东负责监督执行董事的独立董事，同样需要承担相应的连带监管处罚和商业赔偿责任。瑞幸咖啡董事会为此成立了由 3 名独立董事组成的特别委员会，负责调查此前浑水公司发布的做空报告。

因而，尽管金融工具目标化倾向和烧钱模式扭曲了瑞幸咖啡的公司治理体系，但财报等信息披露制度、外部审计制度和董事会自查制度等常规公司治理制度，在"事中"或"事后"促使瑞幸咖啡在财务造假后选择自爆，依然发挥了重要的作用。

在这次瑞幸咖啡自爆财务造假丑闻中，两种并不为中国资本市场投资者所熟悉的潜在公司治理机制，发挥了独特的治理作用。

其一是做空机制的公司治理作用。浑水公司发布的做空报告是这次瑞幸咖啡财务造假丑闻曝光的导火索。而浑水公司只是一个公开的做空平台，隐藏在浑水公司后面的对冲基金等做空势力匿名提交瑞幸咖啡的做空报告，由浑水公司代为发布。这些对冲基金等做空势力在发布做空报告之前，会向券商借入股票并高价卖出，然后通过发布做空报告打压相应公司股价。在股价下跌后，再以较低价格买入相应的股票归还券商。股票买卖的价差构成这些对冲基金所获取的利润。做空机制的存在至少在允许甚至鼓励主观上以盈利为目的的对冲基金有意愿开展尽调，撰写做空报告的同时，客观上形成了对一家涉嫌财务造假的公司的市场监督。资本市场引入做空机制，由此形成对一家公司治理状况的有效监督。

在 2019 年 1 月，《巴伦周刊》对浑水公司创始人卡森·布洛克的专访中，布洛克指出，活跃的做空力量不仅可以帮助上市公司获得更准确的定价，而且能够遏制市场中那些"恶"的行为，带来社会效益。活跃的做空者对市场来说一直是一股健康向好的力量，通过唤醒那些为"有毒业务"推波助澜的银行家、分析师和基金经理们，使市场变得更健康。如果一家公司的商业模式无法剔除有害因素，那么投资者就有必要在了解之后卖出，卖方分析师也有义务调低评级或者取消关注。"如果我们能够有效地消除财政激励措施，并确保犯下恶劣行径的人所赚的钱比他们希望的要少，那么我们就是在做好事。银行将更加谨慎地为那些可能从事有毒资产业务的公司筹集资金，分析师们则会更快地取消关注"。

中国资本市场目前尚不允许做空。而瑞幸咖啡的案例清楚地表明，一个允许做空的资本市场能够通过引入上述"市场监督"环节，淘汰财务质量低劣的公司，降低金融系统性风险。做空机制有助于加强对公司治理的市场监督，这一事实同时表明，一个成熟的资本市场并不反对，甚至应该鼓励单纯以盈利为目的的投资活动，但应该规范投资活动，避免出现激励的扭曲，使一些公司不惜财务造假，最终身败名裂。

其二是集体诉讼制度的潜在威慑。在普通法系所构建的对投资者权益保护的基础框架中，股东对违反诚信原则的董事的诉讼便利成为其典型特征之一，其中以集体诉讼和举证倒置为核心内容。集体诉讼的实质是通过激励专业律师的参与热情，提高股东发起对违反诚信原则的董事诉讼成功的概率，以此实现法律对投资者权益的有效保护。

除了虚假陈述，负有披露义务但是没有及时披露，由此误导投资者，被一些媒体认为是瑞幸咖啡面临外部分散股东集体诉讼的一个构成要件。这事实上也是为什么瑞幸咖啡董事会特别委员会自查发现造假行为以后，会第一时间予以披露，并且希望以此减轻其未来需要承担的法律责任。

外部分散股东发起集体诉讼对一个试图财务造假，隐瞒真实业绩的公司，形成潜在巨大的威慑。值得投资者庆幸的是，2020 年 3 月 1 日，随着《中华人民共和国证券法（2019 年修订）》的实施，集体诉讼制度正式登陆中国 A 股资本市场。2021 年，康美药业成为中国版集体诉讼第一案。

瑞幸在缴纳 1.8 亿美元的罚金后退市。距离它上市只有 12 个月。如果说它的上市曾创造了中概股的一项纪录，它的退市同样如此。

总结瑞幸咖啡财务造假丑闻自爆过程中各种潜在的公司治理机制角色，我们看到，尽管瑞幸咖啡由于金融工具目标化倾向和启用烧钱模式，使公司治理体系发生扭曲，主要的内部治理机制并没有在"事前"发挥预期的监督作用，但市场监督力量的做空机制和股东集体诉讼的潜在威慑，使主要的内部治理机制被迫在"事中"和"事后"自查，甚至自爆造假丑闻。瑞幸咖啡的案例给我们带来的直接启发是，一家上市公司的治理，仅仅依靠来自内部的监督是远远不够的，还需要外部市场力量的监督。当外部的市场监督力量和内部的监督机制有机结合之时，才能真正构建一个有效规范的公司治理体系。

那么，从瑞幸咖啡"运气的转变"中我们可以得到哪些有益的启示呢？

其一，企业发展道路选择应避免将金融工具简单目标化，"为了上市而上市"，为了被并购而持续烧钱，迟早是要付出代价的。

其二，敬畏成熟资本市场存在的来自内部或外部，"事前"或"事中""事后"发挥作用的公司治理机制。

TRADEOFF

The Principles of
Corporate Governance

第三部分

董事会的组织与运营
是公司治理的核心

把股东和经理人联结起来，董事会由此被认为是公司治理的核心。其中，来自外部、兼职性质和注重声誉的独立董事成为董事会履职的关键。专业的董事将会帮助我们监督经理人，阻止他们损公肥私，中饱私囊。

第 9 章

为什么董事会是
公司治理的核心

TRADEOFF

The Principles of
Corporate Governance

　　董事会指的是，由股东大会按照公司章程相关规定任命的，代表股东履行监督经理人职责，同时向经理人进行战略咨询的公司常设机构。董事会作为中间桥梁把提供资本的股东和使用这些资本创造价值的经理人联结起来，因此通常被认为是公司治理的核心。

　　本章主要从董事会的组织和运行，来思考如何进行公司治理制度设计的问题。

董事会的主要职责

　　美国一流企业 CEO 组成的协会——商业圆桌会议，被公认为美国商业公司事务方面的权威。按照其 2010 年修订发布的董事会职责，一个公司的董事会应该承担以下 5 项基本职责。

第一，挑选、定期评估、更换（如果需要）CEO，决定管理层的薪酬，评价权力交接计划。这意味着董事会需要完成经理人的遴选、考核评估和更迭。

第二，审查，并在适当情况下审批财务目标、公司的主要战略以及发展规划等。审查又被称为内控，这是董事会的关键职能，确保委托自己监督经理人的股东的投资是安全的，并能按时取得合理回报。

第三，向管理层提出建议或咨询。这事实上是为什么董事会的很多独立董事曾是经验十分丰富的其他企业前任和现任CEO，因为他们可以向现在所服务的公司管理层提出有价值的意见和建议。

第四，挑选并向股东推荐董事会成员，评估董事会的工作及绩效。这意味着董事会不仅负责经理人的遴选、评估和更迭，还需要负责董事会自身的组建、评估和更迭。中国很多公司一股独大，大股东往往在董事会组织中大包大揽。与之不同的是，美国的大部分公司采用交错任期的董事会组织形式。一个任期3年的董事会，每年大约需要更换1/3的董事。这1/3董事的更换是由剩余的2/3董事，特别是其中的提名委员会主导更迭的。

第五，评估公司制度与法律法规的适应性。董事会需要在完成上述评估的基础上，向股东大会提出修改公司章程的建议，并负责提出公司章程的修改草案，使其在股东大会表决通过后生效。

我们可以把商业圆桌会议提出的董事会的 5 项职责，简单概括为两项职能：监督经理人和进行战略咨询。

董事会的两种组织模式

目前，各国公司董事会组织主要有两种模式：混合模式和双层模式。

美国、英国、澳大利亚、瑞士等很多普通法国家采用的是"混合模式"。它的特点是，这些国家的公司，股东大会和经理人之间只设董事会。董事会同时具有监督经理人和进行战略咨询这两项职能，从而形成"董事会职能的混合"。

需要说明的是，董事会职能的混合，并不意味着这种董事会组织方式不需要也不在意专业化分工。在混合模式下，专业化分工带来的效率提升，更多体现在董事会内部设置各种专门的委员会上。这里的各种专业委员会包括：负责制定评估和考核经理人标准和决定董事薪酬的薪酬委员会；负责内控和预算

决算审核的审计委员会；负责经理人和董事遴选、考核、推荐
的提名委员会；负责评估公司政策与外部法律环境适应性，提
出是否修改公司章程的公共政策委员会。其中，薪酬、提名和
审计委员会的主要成员和主席，往往需要独立董事出任。

与美国、英国等流行的混合模式不同，在德国、日本、波
兰、法国、意大利、荷兰等大陆法系国家，董事会组织流行的
是"双层模式"。这些国家的公司，在股东大会与经理人之间，
不仅设有董事会一层，还设有监事会，从而形成双层模式。双
层模式下，董事会完成的监督和战略咨询职能，分别由监事会
和董事会两个机构来履行。其中，监事会负责履行监督职能，
董事会负责履行战略咨询职能。

如果我们把监督看作董事会更为重要的职能，那么，在德
国等国的双层模式下的监事，更像美国等国的混合模式下的
董事。

评估哪种董事会组织模式更有效，无疑是一件十分困难的
事。这与各国公司治理实践面临的主要问题有关，也与大陆法
系或普通法系等法律传统和制度文化有关。其核心是，董事会
的监督带来的代理成本的节省，是否能够覆盖为董事会组织运
行付出的成本。因而，在理论上，董事会组织自身也是一个制
度设计的收益与成本比较的问题。例如，出于战略咨询的目
的，一家 100% 控股的公司与其设立董事会，不如聘请管理咨
询顾问机构；在经理人薪酬已经设计得很有效和激励已经非常

充分的投行或者基金公司，甚至不需要设置董事会。

中国上市公司董事会组织模式的特点

中国上市公司的董事会组织在不断学习和借鉴其他国家经验的过程中，逐步形成了自己的一些特点。而且，这一学习过程仍然在进行中。所以，中国上市公司董事会组织模式究竟如何总结和概括，是否形成了中国特色的董事会组织模式还有待进一步观察。概括而言，中国上市公司董事会组织模式有以下7个特点。

第一，与美国混合模式不同，现行《公司法》规定，中国上市公司在股东大会与经理人之间有董事会与监事会两层。按照中国 1993 年颁布的《公司法》，公司在股东大会下设董事会和监事会两个平行的机构，从而形成了德国式的双层模式。然而，目前正在修订的《公司法》拟规定，无论有限责任公司还是股份有限公司，都"可以"不设监事会，是否设立监事会成为选择性条款。

第二，虽然我们有董事会与监事会两层，但与德国双层模式不同的是，我们董事会的监督与战略咨询这两项职能继续"混合"在董事会。

第三，类似于英美董事会在组织职能混合下设置专业委员会，进行职能分工，中国 A 股上市公司在董事会内部可以设置薪酬、内控、战略和提名等各种专业委员会。

第四，由于存在持股比例较大的大股东，董事会成员除了有混合模式下公司董事会通常有的执行董事和独立董事，还存在代表这些大股东利益诉求的股东董事。

第五，中国《公司法》规定，监事会具有与董事会平行的地位，并且被赋予了监督公司董事和经营者的权利，所以中国上市公司的监事会除了基本的监督经理人职能外，还有监督（经理人的）监督者（董事）的职能。这样的构架意味着，在理论上，中国的经理人不仅受到董事会的监督，同时受到监事会的监督，因而是双重监督。双重监管理论上监督力度更大，但这样重床叠架的实际效果往往是，谁都有监督责任，但相互推诿，相互"搭便车"，没有人真正履行监督职责，治理效率低下不可避免。这也是这次《公司法》修订将设立监事会作为选择性条款的重要原因之一。

第六，在实际的执行过程中，中国借鉴日本的监事会组织模式，上市公司监事会主要由公司职工或股东代表组成。他们在行政关系上受制于董事会或兼任公司管理层的董事，监督作用难以有效发挥，导致监事会形同虚设。一些公司的工会主席甚至纪检书记成为监事。

第七，为了改进股东代表和职工代表监督作用有限的问题，一些国有企业进一步借鉴德国的监事组织模式，由上级部门和控股股东外派监事。

随着 1999 年《公司法》的修订和 2000 年《国有企业监事会暂行条例》的颁布，中国逐步建立了国有企业外派监事制度。由于德国的外派监事制度本质上类似于英美的独立董事制度，上述举措一定意义上标志着国有企业的外部监事开始向外部董事靠拢。外部董事代替外部监事成为国有企业规范公司治理的重要途径。

在新一轮《公司法》修订中，设立监事会还是用董事会中的审计委员会代替，成为一道选择项。这方面规定一旦在新的《公司法》里成文，不仅意味着中国监事制度全面地向独立董事制度靠拢，而且会奏响监事会最终全面退出中国公司治理舞台的前奏。

从上述特点中，我们不难发现，中国公司的董事和监事制度正处在不断学习和借鉴过程中，现在断言中国董事会组织模式究竟如何为时尚早。毕竟，中国资本市场经过三十多年的发展，刚刚步入而立之年。

董事会如何运行才能更好地发挥监督职能

一个不容忽视的事实是，董事会的实际运行并不完美，即使在堪称市场经济典范的美国同样如此。

95% 的美国大公司尽管有提名委员会这一董事会中的专业委员会，向董事会推荐董事候选人。然而，提名委员会手中的候选人名单通常是从董事监督对象——CEO 那里获得的。不仅如此，董事候选人常常要接受包括 CEO 在内的整个董事会的面试。作为监督对象，董事对 CEO 能否连任有影响力。

一方面，董事可以评估考核和决定 CEO 的薪酬；另一方面，CEO 反过来可以影响董事薪酬的制定。这意味着，董事的产生、连任以及薪酬制定都将受到接受他监督的 CEO 的影响。所以，哈佛大学法学教授卢西恩·别布丘克（Lucian Bebchuk）无奈地说，"董事在成为解决代理问题的途径的同时，自身也成为代理问题的一部分"。

董事会在监督经理人问题上所表现出的低效率，长期以来受到公司治理理论界与实务界的广泛批评。美国经济学家迈克尔·詹森（Michael Jensen）曾经说，"当不存在产品、要素、资本市场以及接管威胁时，建立在内部控制机制基础上的大型公司，在组织重构和战略调整上表现出的缓慢和迟钝是内部控制机制失败的明证"。

1993 年，他作为美国金融学年会的主席，在致词中提出了董事会未来运行的改进方向。应该说，他在演讲中提到的改进方向成为过去近三十年董事会运行的流行实践。他在 1993 年做的预测，至少得到包括史宾沙管理顾问咨询公司（Spencer Strart）研究报告在内的部分证实。

其一，保持较小的董事会规模。

如果董事会规模太大，董事之间在监督经理人问题上会相互"搭便车"，导致有效监督缺失。例如，1602 年成立的东印度公司虽然组成了 70 人的董事会，但董事职责的真正履行集中在所谓"十七绅士"的 17 名董事代表中。

按照史宾沙管理顾问咨询公司的研究报告，美国标普 500 公司董事会的平均人数呈递减趋势，1988 年平均为 15 人，1993 年平均为 13 人，1998 年平均为 12 人。到了 2020 年，标普 500 公司董事会的规模平均为 11 人。与之不同的是美国国际保险集团（AIG），董事会的规模由原来的 18 人降为次贷危机爆发前的 14 人，后来又微调至目前的 15 人。

当然，也有扩大董事会规模的情况，例如巴菲特控股的伯克希尔·哈撒韦，之前是由 7 人组成的董事会，后来调整为 12 人的董事会。这表明董事会规模固然不宜太大，但同样不宜太小。按照中国《公司法》规定，中国股份有限公司董事会成员为 5~19 人。

其二，除了 CEO 为唯一的内部董事外，其余均为外部董事。美国的外部董事，就是中国和英国等国的独立董事。

按照史宾沙管理顾问咨询公司的研究报告，美国大公司的外部董事占董事会成员人数的比例不断上升。1998 年，在美国标普 500 企业的董事中，外部董事平均占比 78%，比 1993 年增长了 5%。在 2020—2021 财年，美国标普 500 公司董事会平均 10.8 人的规模中，独立董事平均为 9.3 人，占比达 86%。

这意味着，很多公司的董事会，除了 CEO 为唯一内部董事外，其余均为外部董事。詹森预测，外部董事占比高，这与美国公司股权高度分散的治理模式有关。

中国股份有限公司有持股比例较多的股东委派的股东董事。除了执行董事和股东董事，从 2003 年起，中国上市公司外部聘请的独立董事不能少于 1/3。其中至少有 1 名是会计背景的独立董事。

其三，CEO 和董事会主席两职保持分离。

上述安排可以避免重要的监督者董事会主席与被监督者 CEO 是同一人，提升董事会监督的有效性。一些公司存在持股比例较大的股东，因而由大股东委派董事长，为了提升董事会监督的有效性，或者设立首席独立董事制度，或者实行董事长轮值制度，其核心同样是保证监督者与被监督者分离。

公司治理的实践

轮值董事长制度的公司治理含义

2018 年，华为开始实施董事长轮值制度，之后不久，永辉超市同样实行董事长轮值制度。董事长轮值制度开始引起公司治理理论界和实务界的关注。那么，采用董事长轮值制度究竟具有哪些独特的公司治理含义呢？

要回答这一问题，我们首先需要从法理上还原董事长在公司治理中原本的功能角色。董事会是受股东委托，代替股东履行经营管理股东资产的职责，以确保股东投资安全和按时收回的常设机构。通常董事会按照多数表决规则，以集体表决的方式对股东大会授权的相关事项做出决议，集体履行作为股东代理人的相关权利和义务。理论上，董事长和其他董事在法律上对股东的代理地位是平等的，都是"一席一票"。在一些国家的公司治理实践中，董事长仅仅是董事会的召集人，甚至没有普通董事所拥有的投票表决权。

其次，还要了解谁可以出任董事长。鉴于董事长在法理上的上述功能角色，理论上，具有董事资格的任何人都能成为董事长。例如，特斯拉（Tesla）原董事长兼 CEO 马斯克，在任性地发布特斯拉"私有化"消息后，受到美国证监会"三年内不得担任董事长"的处罚，他的继任者就是特斯拉前外部董事罗宾·德霍姆（Robyn Denholm）女士。

但在各国公司治理实践中，由于董事长通常出任法人代表，特别是出于管理实践和企业文化对权威的尊重，普通董事在相关议案的提出和表决方面的影响力，不能与董事长同日而语。董事长在公司治理实践中处于十分重要的地位，发挥着举足轻重的作用。例如，罗宾·德霍姆女士在接受特斯拉董事长的聘任后，辞掉了澳大利亚电信公司（Telstra）的首席运营官一职，全职担任特斯拉董事长。

而在中国国企公司治理实践中，董事长是由公司上级组织部门任命的，并在干部管理中对应一定行政级别。因此，董事长尽管名义上只是董事会的召集人，但除了担任董事长法理上的功能角色，往往还对国企日常经营管理决策拥有最终的裁决权。应该说，国企上述治理实践很大程度影响了中国非国企董事长的行为。在中国，董事长看上去更像是在扮演成熟市场经济下公司 CEO 的角色，而使得公司真正的 CEO（总经理），在一定程度上退化为董事长的"行政助理"。

企业在发展早期将更多经营管理决策权集中到董事长手中，也许有利于提高企业整体营运效率。然而，企业在进入成熟期后，一方面董事长在治理实践和企业文化中逐渐形成了"权威"地位和广泛影响，另一方面其他董事的提名、面试和薪酬制定，也受董事长权力的影响，两方面因素叠加使董事

长的权力至少在董事会内部无法得到有效制约。而不受制约的
董事长"一言堂"局面，往往是引发各种内部人控制问题的导
火索。

所以，董事长轮值制度的推出至少在以下几个方面，有助
于缓解董事长职位固定引发的潜在内部人控制问题。

其一，董事长轮值制度淡化了董事长治理角色浓郁的个人
色彩，还原其原本的功能角色，有利于治理走向规范化和标准
化。在任董事长将会意识到他仅仅是董事会成员中的一员，只
是受股东和其他董事委托，在一段时期内行使董事会召集人的
职能。董事长仅仅是标准工作流程中的一个具体工作岗位，不
应带有太多的个人色彩。

其二，董事长轮值制度有利于营造全体董事民主协商的氛
围和治理文化，防范固定董事长导致的"一言堂"或者公司被
内部人控制的局面。董事长轮值制度下的每个董事将清楚地意
识到，今天的董事长，在一段时期后，可能会由意见与之不同
的另一位董事轮值。因而，短期内轮值的董事长应该平等地接
纳和包容其他董事的不同意见。借助民主商议，综合全体董事
智慧的董事会决议，将打破特定董事长个人能力和眼界的局
限，形成对未来经营风险相对准确的预判，防患于未然。

其三，对于那些早年率领团队打拼、劳苦功高的成功企业
家来说，董事长轮值制度也是一种可供选择的制度安排，不仅

可以在公司形成基本的治理运作制度和框架，也可以让他们从"琐碎"的行政性事务中解脱出来，集中精力思考事关企业长远发展和重大战略的问题。

与此相关的话题是，王卫不再担任顺丰速运的法定代表人，还有之前阿里巴巴马云、京东刘强东、复兴集团郭广昌、滴滴程维等，纷纷辞任所在公司的法定代表人职务。我们知道，法人代表只是在法律和公司章程允许、股东授权的范围内，代表公司履行工商注册、民事诉讼等相关法律程序。不再担任公司的法人代表，并不意味着王卫和马云作为顺丰和阿里巴巴的主要股东和实际控制者，相关股东权益有任何改变，也不表明他们对公司的影响力减弱。因而，在成功企业家摆脱行政性事务方面，我们注意到，轮值董事长制度和不再担任法定代表人有异曲同工之妙。

既然董事长轮值制度有如此多的好处，那么，是否所有企业都适合实行董事长轮值制度呢？如果仔细观察实行董事长轮值制度的华为集团和永辉超市，我们会发现这两家公司在公司治理制度上具有以下典型特征。

其一，股权结构相对稳定，在较长的时期内并不存在控制权突然丧失的风险。永辉超市是民营相对控股。近年来通过合伙人制度，永辉超市进一步将一线员工的利益、主要股东和管理团队的利益紧紧地捆绑在一起；而华为的员工持股计划一直是业界的典范。由于有雇员和股东结成的共同利益同盟，两家公司的治理构架相对稳定，并不存在外部"野蛮人"闯入和外部接管的威胁，非上市公司的华为尤其如此。

其二，经过长期的打拼和磨合，上述两家公司的董事会已形成相对成熟的经营管理决策机制和讨论流程，并在成熟的企业文化下形成了共同价值追求。一定程度上，无论成功企业家在与不在，董事长对企业董事会经营管理决策流程影响都不大。

其三，相关企业家也确实到了功成身退、淡出企业的人生年龄，董事长轮值制度既可以使他们能够从烦琐的行政性事务中解脱出来，又锻炼了队伍，培养了接班人。

上述讨论表明，并不是所有的公司都像华为和永辉超市一样，适合实行董事长轮值制度。当然董事长轮值制度是否会像预期那样，发挥积极正面的公司治理作用，仍然有待进一步观察。

第 **10** 章

为什么独立董事成为
董事会履职的关键

TRADEOFF

The Principles of
Corporate Governance

独立董事与中国独立董事制度

无论是美国经济学家詹森教授的演讲预测，还是从公司治理实践的发展趋势来看，独立董事在董事会监督职能的履行中，都扮演着十分重要的角色。

独立董事指的是，除了担任公司的董事外，与公司没有任何家族、商业关联的董事会成员。中国和英国的独立董事，在美国被称为外部董事，它在监督职能履行上，类似于德国公司双层模式下的外派监事。不同于执行董事，独立董事通常不参与公司的实际经营，主要职责是监督合约的执行和重新签约等，通常供职于审计、薪酬、提名等专业委员会。

按照詹森教授的预测，英美股权高度分散的公司，除了

CEO 为唯一的内部董事外，其余均为外部董事。担任独立董事的通常是其他企业的前任或现任经理人。这一比例在美国目前的上市公司中高达 85%。而在中国，这一部分的独立董事比例很低，不足 10%。在中国，独立董事更多来自注册会计师、律师以及前政府官员和大学教授等。

早在 1999 年，中国证监会等部门开始要求境外上市公司设立独立董事。2001 年 8 月，中国证监会发布了《关于在上市公司建立独立董事制度的指导意见》。2002 年，中国证监会进一步联合国家经贸委发布《上市公司治理准则》，开始在上市公司中强制实施独立董事制度。2022 年 1 月 5 日，中国证监会发布了《上市公司独立董事规则》，已执行二十多年的《关于在上市公司中建立独立董事制度的指导意见》宣告废止。该规则延续之前指导意见的规定，要求上市公司独立董事人数应占到公司董事人数的 1/3 以上。很多注册会计师和大学会计学教授成为独立董事，与中国上市公司 1/3 的独立董事中至少有一位需要具有会计背景的规定有关。

独立董事是董事会履职的关键

长期以来，中国上市公司的独立董事由于"既不独立，又不懂事"，常常被与"花瓶"和"表决机器"联系在一起。

那么，为什么独立董事会成为董事会履职的关键？有一个这样的故事，领导说了一个笑话，办公室里的人哄堂大笑，有抹眼泪的，有捂肚子的，有捶桌子的，只有小梅没笑……旁边同事边笑边问她："你怎么不笑啊？"小梅说："我已经辞职了。"

看了这个故事，我的第一感觉是，这里讲的不是小梅的故事，而是独立董事的故事。

独立董事之所以成为董事会履职的关键，是因为独立董事本身具有以下三大特点。

- 独立董事来自外部。他与内部人没有直接的利益瓜葛，更容易从中小股东的利益出发，做出客观中立的判断。
- 独立董事是兼职性质的。他有稳定的职业和收入，不会为"五斗米折腰"，当与内部人观点不一致，或者履职不愉快时，大可辞职，一走了之。
- 独立董事往往是在专业领域已经有所建树的成功人士。与普通人相比，他更加爱惜自己的羽毛，注重自己在业内长期摸爬滚打积累起来的声誉，长期的职业发展比短期的蝇头小利对他更有吸引力。

概括而言，独立董事之所以在董事会履行监督职能中扮演重要角色，就在于与存在职业依附的内部董事相比，来自外部、兼职性质和更加注重职业声誉的独立董事挑战董事会决议的成本更低，更有可能对损害中小股东利益的议案出具否定意见，真正发挥董事会的监督职能。

独立董事在实践中如何具体履职

第一，独立董事对董事会相关议案发表意见，并投票表决。

独立董事对内部人提出的有损外部分散股东利益的议案出具否定意见，是董事会履行监督职能的重要体现。在中国公司治理实践中，独立董事对董事会提案出具的意见类型包括：赞成、反对、弃权、保留意见、无法发表意见、提出异议和其他等。受中国传统文化的影响，董事较少采取极端的反对票形式来表达自己的反对意见，而是采取其他更为缓和的方式提出异议。独立董事说"不"，在中国公司治理实践中是十分罕见的现象。

如果有独立董事对公司董事会的某项议案提出公开质疑，这将会向外界传递信号，表明公司经营管理中存在某种漏洞或严重缺陷。2010年，大连港深陷"独立董事门"。独立董事吴某华对董事会10项提案中的5项投了反对票，对2项提案投了弃权票。在财经媒体和社会公众的广泛关注下，这一结果除了导致公司的股价应声下跌外，大连港对中铁渤海铁路轮渡公司的股权收购计划，也因此搁浅。

第二，独立董事需要在关联交易、抵押担保等涉嫌损害中小股东利益的问题上，出具独立意见，然后由公司对上述独立意见进行信息披露。

考虑到信息披露的风险，独立董事沟通的成本以及遭到独立董事反对的成本，公司在提出有争议的关联交易议案时，将变得十分慎重。所以，即使没有对相关议案直接出具否定意见，独立董事的存在客观上也会增加公司经营信息的透明度和内部人的违规成本。

第三，独立董事将在内控、薪酬和提名等专业委员会中充当重要角色，发挥重要作用。

董事会相关职能的专业化分工体现在各专业委员会的设置上。在董事会内部的很多专业委员会，如薪酬委员会、提名委员会以及内控委员会中，独立董事往往出任主要成员，甚至兼任主席。这些专业委员会的工作往往涉及利益冲突，独立董事更容易置身事外，就事论事，充分体现独立性和专业性。所以独立董事是董事会更好地履行监督职能的关键所在。

第四，中国资本市场进入分散股权时代后，面对频频出现的股权纷争，独立董事与其他董事相比，更适合扮演中立调解的角色，促使股权纷争化解。例如，独立董事可以从中小股东利益出发，提出特殊议案，并征集中小股东的投票代理权等，成为有利于问题解决的第三方力量。

第五，独立董事不仅可以监督经理人，而且一定程度上可以制衡大股东。为了缓解"中国式内部人"控制问题，包括国企在内的很多企业的一个重要做法就是，聘请更多的独立董事使之占比更高。而在国际公司治理实践中，一个流行趋势是设立首席独立董事，来制衡兼任董事长的创始人。

如果独立董事未能严格履行应尽的监督职责，他不仅会面临监管处罚和法律赔偿风险，而且会面临声誉受损的风险。独立董事遭受监管处罚的一个经典案例是郑州百文股份有限公司。因年报中存在严重虚假陈述和重大遗漏，没有尽到监督职责的原独立董事陆家豪受到 10 万元的监管处罚，同时禁止他担任其他公司独立董事职务。

2021 年 11 月的康美药业案，除了积极组织策划、参与实施造假行为的高管人员承担 100% 连带赔偿责任外，另有 13 名高管虽未直接参与造假，但因未勤勉尽责、存在过失，按照过错程度承担赔偿责任。其中，5 名独立董事承担 5%~10% 的连带赔偿责任。这意味着，以 24.59 亿元为基数，每位独立董事将承担过亿的民事赔偿责任。

不仅如此，一个受到公开惩罚的独立董事，声誉受损，未来获得其他公司聘任的可能性将降低。全球资本市场的经验研究都充分证明了一点，那就是，独立董事占董事会全部成员的比例越高，董事会独立性越强，董事会辞退不称职经理人的概率越高，最终改善公司治理和提升企业绩效的可能性越大。

上述证据与各国公司治理实践普遍提高董事会独立性的流行趋势一致。

独立董事没有发挥预期作用的原因

在董事会履行监督职能过程中，扮演重要角色的独立董事，为什么在中国公司治理实践中没有发挥预期作用？概括而言，独立董事没有发挥预期的作用，有以下几方面的原因。

第一，独立董事在产生机制上"既不独立，也不懂事"。

在英美等国股权高度分散的治理模式下，独立董事的产生需要经过公司管理层的推荐和面试，管理层的上述权力使得独立董事的监督作用先天不足。管理层在独立董事产生过程中的"权力"成为独立董事难以发挥预期监督作用的根源。

由于尚未形成成熟的独立董事产生机制，中国上市公司独立董事通常在管理层的朋友，或"朋友的朋友"中产生。独立董事"既不独立，也不懂事"这一形象说法一针见血地指出了中国独立董事产生机制的弊端。独立董事来自管理层"朋友的朋友",为中国一些上市公司日后形成任人唯亲的董事会文化提供了土壤。

第二,独立董事比例要求异化为上市的合规性要求。

一刀切的独立董事(不低于1/3)比例限制扭曲了董事会独立(规范公司治理)的信号传递功能。在一些公司,部分温顺配合的独立董事,会在两个任期结束后,经过一个短暂的间隔,重新被聘请回来担任独立董事,从而存在"独立董事返聘"的现象。我们的研究发现,公司把他们熟悉的独立董事聘请回来,很大程度是希望帮助他们一起"做坏事",因而这些存在返聘独立董事现象的公司,未来会存在更多损害股东利益的"隧道挖掘"行为。

独立董事返聘现象表明,独立董事比例不少于1/3的监管要求,一定程度上演变为公司上市的一个合规性要求。在这些公司的眼中,真正的独立董事和返聘回来的独立董事都是独立董事,没有什么区别。事实上,在一些国家,独立董事任期超过一定期限就不会再担任独立董事一职。

独立董事返聘现象也从新的角度表明,中国一些公司存在任人唯亲的董事会文化。他们没有选择其他独立董事,而是选择了自己熟悉的那些温顺配合的独立董事,任人唯亲。

第三，中国一些公司盛行任人唯亲的董事会文化，逆淘汰那些对大股东提出的议案说"不"的独立董事。

有研究表明，对董事会议案出具否定意见的独立董事在未来一年内离职的概率，是那些没有出具否定意见的独立董事的1.36倍。在逆淘汰氛围和任人唯亲的文化背景下，独立董事预见到一旦说"不"，不仅离职的可能性提高，而且容易落得"喜欢与管理层对抗"的名声，今后将很难获得其他公司的聘任。说"不"需要付出如此高昂的成本，迫使独立董事往往选择沉默、奉承、迎合，甚至勾结。

由于中国一些上市公司存在逆淘汰说"不"的董事会文化，中国公司治理实践出现了一些十分有趣的现象：独立董事说"不"呈现阶段特征。

中国上市公司独立董事可以完成每期3年的两个任期。我和我的团队的实证研究发现，由于担心在第一任期说"不"后，直接遭到"逆淘汰"，很多独立董事只在第二任期，出于声誉和法律责任的考量说"不"。

另外一个有趣的现象是独立董事换届未连任现象。一些上市公司的独立董事虽然发现了公司的潜在问题，但碍于人情世故，并不会公开辞职，只是在第一届任期结束时选择不再连任。我们观察发现，独立董事换届未连任的公司未来出现违规行为的可能性很大，其中有会计背景的独立董事离职的公司尤其如此。因此独立董事换届未连任成为我们识别问题公司的潜在途径。

第四，中国一些上市公司聘请独立董事的动机本身就不单纯，并不期待独立董事来扮演监督角色。独立董事没有尽到应尽的监督职责。

中国一些上市公司引入独立董事的目的并非监督管理层，而是建立政治关联。这使得聘请独立董事在一定程度上演变为公司向为它谋取政治、经济利益提供帮助的官员，支付"报酬"的一种合法手段。

为了杜绝通过上述方式建立政治关联，以权谋私，在公司间开展不公平竞争，2013 年 10 月 19 日中共中央组织部下发《关于进一步规范党政领导干部在企业兼职（任职）问题的意见》。上述《意见》颁布后，中国上市公司迅速掀起独立董事离职潮。一度出现每月有约 33 名独立董事递交辞呈的情况，几乎每天至少有 1 名独立董事离职。有数量如此之多的政府官员背景的人士出任独立董事，成为中国上市公司治理实践中十分独特的现象。

第五，独立董事自身的激励不足，影响了独立董事履职的积极性。

2001 年，中国资本市场正式推出独立董事制度，从那时起，独立董事薪酬长期采用不与独立董事自身努力与风险分担挂钩的固定津贴方式。2021 年，中国上市公司独立董事的平均薪酬约为 8.56 万元。

在经理人薪酬合约设计中十分重要的股权激励计划，在中国独立董事薪酬实践中明确不允许采用。然而，世界 500 强企业，有超过半数的公司给占比高达 85% 的外部董事股票期权，其中 25 家世界 500 强企业完全用股票支付外部董事的工资。

第六，受到各种加强公司控制手段的掣肘，独立董事说"不"成为个案和例外，正常的监督作用难以有效发挥。

大股东超额委派董事就是一个典型的例子。在第 5 章讨论的分散股权时代加强公司控制的手段中，我曾经提到过，一些上市公司的大股东在董事会组织中超额委派代表自身利益诉求的董事。这导致刚刚满足要求的少数独立董事处于大股东的各种"亲朋故旧"的重重包围中。

我们的观察发现，在大股东超额委派董事越多的公司，未来以关联交易方式进行的"隧道挖掘"行为越严重，企业未来绩效表现越差。

大股东超额委派董事的行为，往往严重干扰独立董事以投非赞成票的方式履行的监督职责。大股东超额委派董事比例越高，独立董事投非赞成票的可能性越低。由于孤掌难鸣，很多原本打算说"不"的独立董事宁愿选择沉默。

不仅如此，即使少数独立董事坚持说"不"，但独立董事投非赞成票达到的效果，在大股东超额委派董事的情形下将大打折扣，对减少控股股东以资金占用形式实现的"隧道挖掘"行为，提升经济绩效等，失去了应有的效力。

为了提高董事会监督的有效性，除了从文化上鼓励独立董事说"不"，还需要在诸如董事会组织等制度环节确保不同股东力量之间形成制衡，避免出现大股东超额委派董事的现象。

公司治理的实践

如何设计独立董事相关制度才能使独立董事变得"既独立又懂事"

上市公司财务造假无疑是任何资本市场健康发展的一大毒瘤，在任何国家都将遭到最严厉的打击。2021年底，被称为中国代表人诉讼第一案的康美药业案，引发舆论热烈关注，虽然此案的初衷是以法治的力量打击财务造假，但意外"受伤"的却是独立董事和中国独立董事制度。

康美药业案引发中国A股市场独立董事的连锁反应。一时间，独立董事辞职的公告有之，谴责独立董事辞职的公告有之，督促上市公司"尽快发布独立董事辞职"的公告亦有之。

在同一时间，有关中国独立董事制度的各种论调甚嚣尘上。有"百无一用是独立董事"，"独立董事本是同林鸟，大难来临各自飞"的"怀疑论"；有"一个津贴只有 10 万元的独立董事如何负担超过 1 亿元的连带赔偿责任"的"同情论"；也有"还需要给独立董事严格履行连带赔偿责任更多时间"的"国情论"。

独立董事在中国资本市场真的是"百无一用"吗？显然并非"独立董事制度"这部经不好，而是"歪嘴和尚"把这部好经给念歪了。那么，如何才能念好"独立董事制度"这部经呢？

今年是《关于在上市公司建立独立董事制度的指导意见》这一推动中国资本市场建立独立董事制度文件颁布的 22 周年。简单回顾中国独立董事制度走过的这二十多年，我们看到，对独立董事没有尽到履职义务的行为做出处罚，康美药业案并非第一次。

早在 2001 年，郑州百文股份有限公司（简称郑百文）因年报存在严重虚假和重大遗漏，原独立董事陆某豪受到中国证监会的惩处，不仅被处以罚款 10 万元，还被禁止担任其他公司的独立董事职务。然而，郑百文案过去这么多年，并没有多少独立董事因为担心履职风险而辞职。

康美药业案中，独立董事承担连带赔偿责任同样事出"财务造假"。那么，为什么这次会有这么多独立董事辞职呢？

提请读者注意的是，在郑百文案例中，对陆某豪的处罚只是监管处罚。这意味着，只要运气足够好，未尽到履职责任的独立董事不要撞在"枪口"上，"歌照唱，舞照跳"；而康美药业案中的相关独立董事面对的则是民事赔偿责任，涉及法律对投资者权益的严格保护。

因而康美药业案是具有标志意义的，它标志着中国独立董事制度从以往的监管推进开始走向法治驱动。为此，我曾经写过一篇题为《中国独立董事制度：从监管推进到法治驱动》的经济评论文章。

作为社会精英的独立董事从来都是理性的：早年在郑百文案后依然对独立董事趋之若鹜是理性的，现在在康美药业案后纷纷辞职也是理性的。

那么，为什么中国的独立董事制度在监管推进方面并未发挥预期的作用呢？我们这里至少可以找到以下几方面的原因。

第一，监管推进政策具有的导向不一致性使很多独立董事心存侥幸。今天，一家企业发布严重虚假信息，经媒体曝光，引发股价急剧波动，财务造假就成了"资本市场健康发展的毒瘤"，违者将严惩不贷。明天，为了引导上市公司关心股价，推动新一轮牛市的来临，企业的市值管理行为受到政策的广泛鼓励，一定程度的盈余管理甚至会计操纵行为就可能被接受为企业发展的"润滑剂"和"调节剂"。

第二，监管政策一刀切将不可避免地带来制度的扭曲。一项提升公司治理有效性的制度一旦变为合规性要求，就失去了原有的政策效力，必然会产生各种激励的扭曲。

我们以"独立董事在董事会占比不少于1/3"的规定为例。在中国资本市场，独立董事可以连任两届，每届三年。由于"1/3"的规定似乎变成一项合规性要求，在一些公司看来，是新任独立董事还是返聘独立董事其实并不重要，只要达到1/3就好。因此，中国一些上市公司出现了在一些国家不被认为是独立董事的独立董事返聘现象。我们的一项研究表明，这些被返聘回来的独立董事往往倾向于帮助内部人"干坏事"。

独立董事返聘现象其实只是僵硬的监管政策带来的诸多制度扭曲的一个典型事例。康美药业代表人诉讼案引起诸多独立董事辞职，暴露出来一个事实，那就是，对于独立董事制度，法治驱动也许比监管推进更加容易奏效。

那么，如何使中国独立董事制度在法治驱动下更快地"上路"呢？我们有以下三方面的政策建议。

第一，针对中国独立董事制度在监管推进过程中已经暴露出来的明显弊端，我们主张取消"独立董事占比 1/3"的严格限制，使独立董事由合规性要求还原为董事会行使监督职能的关键。

这样做至少有以下两方面的好处。

其一，上市公司从为满足合规性需要不得不聘请独立董事，到希望听到不同声音、听到专业意见而心甘情愿地聘请独立董事。独立董事制度设计的初衷是，鼓励上市公司花钱买对上市公司十分重要的"商品"：别人向你说"不"。但在"1/3规定"的限制下，聘请独立董事变成了是否合规的要件，独立董事是否说"不"反而变成次要的。在这样扭曲的设计下，独立董事不说"不"是十分正常的，独立董事说"不"反而成为不太正常的行为。这在一定程度上意味着，上市公司花了买商品（独立董事说"不"）的钱，却没有真正得到这一商品。

其二，还原独立董事制度具有向资本市场传递公司治理结构完善程度信号的功能。在取消现在的"1/3规定"后，一家没有或不敢聘请独立董事的公众公司的治理状况无疑令投资者担忧，而一家公司若敢于聘请更高比例的独立董事，将向资本市场传递公司治理结构完善的信号。一家公众公司聘请的独立董事占比越高，表明这家公司对公司治理结构的完善程度越自信，未来发生财务造假的可能性越低。

资本市场将向那些敢于聘请更高比例独立董事的公众公司支付高的溢价。这将集中体现在，那些敢于聘请高比例独立董事的公司的股票将受到投资者的追捧。为了迎合资本市场投资者的上述偏好，高比例聘请独立董事将成为上市公司治理制度建设的潮流和趋势。

也许会出乎那些主张实行"1/3 规定"的监管政策设计者和专家学者意料的是，尽管取消了独立董事占比的限制，上市公司却愿意聘请更多的独立董事。而目前在一定程度上演化为在合规要求的"独立董事占比 1/3"的限制下，我们看到，绝大多数公司选择聘请独立董事绝不会多于 1/3，当然也绝不能少于 1/3。

例如，在美国外部董事实践中，美国只是在相关法律和判例中鼓励保障审计委员会的独立性，并没有严格要求独立董事的比例。例如，《萨班斯－奥克斯利法案》中没有规定公司董事会中独立董事的比例，仅要求公司聘请专门审计内部控制的审计师，以此加强公司审计委员会的独立性。美国证券交易委员会负责对独立董事的范围以及认定标准进行界定，也没有明确规定独立董事的最低占比。

纳斯达克交易所发布的上市指引，只是对董事会下属的各个委员会中独立董事的比例有建议。例如，建议审计委员会、薪酬委员会全部聘请独立董事，提名委员会大部分聘请独立董事等。纽约证券交易所发布的上市指引则建议拟上市公司董事会的审计委员会、薪酬委员会、提名委员会全部由独立董事构成。

虽然相关法律和法规对上市公司独立董事的比例没有太严格一致的规定，但按照史宾沙管理顾问咨询公司的报告，在2020—2021财年，美国标普500公司董事会平均10.8人的规模中，独立董事平均为9.3人，占比达86%。

第二，目前针对康美药业的特别代表人诉讼制度所暴露出来的潜在问题，我们主张未来逐步取消对发起诉讼的特别代表人的特许。

对特别代表人的特许无形中将提高中小股东发起集体诉讼、用法律武器维护自身权益的门槛。值得注意的是，从新《证券法》出台允许代表人诉讼，到康美药业案的宣判，历时一年半；同样，仅2020年一年，中国证监会共做出行政处罚决定342件，其中并没有多少问题公司最终遭到集体诉讼！

对特别代表人的特许无疑依然具有一定的监管痕迹和色彩，请特别代表人在必要时"把把关""做一下选择"来体现和落实监管政策的意图跃然纸上。为此，在康美药业代理人诉讼案宣判后，我曾经写了一篇题为《康美药业之后，中国式代表人诉讼制度能走多远？》的经济评论文章。

第三，针对公众舆论反响较为强烈的独立董事薪酬设计问题，我们主张未来可以尝试允许上市公司向独立董事授予一定比例的限制性股票或股票期权，来补充目前的固定津贴。

限制性股票或股票期权一定程度上将独立董事履职行为内化为"像股东一样思考"的自觉行为。损害股东利益就是损害独立董事自身利益。而对于独立董事而言，目前固定津贴带来的激励效果更多的是思考如何免责，平安度过6年两届任期。

限制性股票或股票期权合约强调长期性的设计特点，决定了独立董事将关注企业长期发展，甚至在结束独立董事任期离开公司后，依然作为股东关心上市公司的未来。因此，敢于接受公司聘请的独立董事，事实上不仅仅是做出了一项未来严格履职的承诺，而且是在践行与自己利益密切相关的监督职能。

用（董事责任险）保险对冲风险，是面临风险的任何市场主体本能的反应，但却未必是最好和最有效的应对。研究表明，董事责任险增强了独立董事的道德风险倾向，使独立董事选择逃避原本应该承担的监督职责。这意味着董事责任险在对冲独立董事承担的履职风险的同时，把独立董事的履职责任也对冲掉了。董事责任险与固定津贴，使独立董事成为市场化程度最高的资本市场中依然在"吃大锅饭"的特殊群体。

在美国外部董事占比很高的公众公司的董事薪酬设计中，股权激励占了较大的比重。同样按照史宾沙管理顾问咨询公司的报告，2020—2021 财年，在外部董事平均占比超过 86% 的标普 500 公司的董事薪酬构成中，61% 为股权赠予与股票期权等激励，37% 为现金报酬。其中，在标普 500 公司中，2% 的董事会选择全部以股票的形式支付报酬。而在中国独立董事薪酬实践中，独立董事则明确被排除在股权激励计划的受益对象之外。

因此，在上述独立董事制度设计下，原本希望花钱买独立董事说"不"的上市公司，将听到独立董事自觉自愿地履行监督职责时说"不"。一个没有尽到监督责任的独立董事，一方面将承担股东集体诉讼下的连带赔偿责任，另一方面将直接影响自己持有的限制性股票或股票期权的解禁和行权。从希望听到更多说"不"的声音的角度出发，投资者将鼓励上市公司聘请更多的独立董事，同时为那些敢于聘请高比例独立董事的上市公司支付高的溢价。

我们希望经过上述三方面的制度调整，中国独立董事制度能够进入法治驱动下完善和发展的快车道。

在未来中国资本市场，独立董事将成为一个具有高职业门槛和专业素养、以现任和前任经理人为主的群体。一旦接受上市公司的聘任，这些希望着眼于长期和未来的经验丰富的独立董事们，一定会在该说"不"时说"不"，以切实履行向股东负有的诚信责任，帮助董事会及时纠偏和改善决策。上市公司董事会不仅会坦诚面对这些具有良好职业素养和丰富经验的独立董事说出的"不",并且会发自内心地希望聘请更多这样敢于说"不"和能够说"不"的杰出独立董事们。

　　只有这样,未来中国资本市场才能真正做到,"杰出的独立董事应该以曾经为优秀企业服务为荣,而优秀企业则以能聘请到杰出的独立董事为傲"。

TRADEOFF

The Principles of
Corporate Governance

第四部分

经理人薪酬合约设计
是公司治理的灵魂

公司治理制度设计的成败很大程度上与经理人薪酬
合约设计是否有效、激励是否到位密切相关。因而，
经理人薪酬合约设计是公司治理的灵魂，是最重要
的公司治理制度设计之一。

第 **11** 章

经理人薪酬合约设计原理

TRADEOFF

The Principles of
Corporate Governance

为了监督职能的进一步履行，董事会在（通过内控）确保向股东披露财务信息准确的基础上，往往会通过"挥舞大棒"和"抛出胡萝卜"的方式来缓减经理人与股东之间的代理冲突。

这里的"挥舞大棒"指的是，董事会代表股东，在绩效评估的基础上辞退不称职的经理人，因为在法律上经理人向股东负有诚信责任。"抛出胡萝卜"指的就是经理人薪酬合约的设计和实施。

我把经理人薪酬合约设计称作公司治理的灵魂，因为一个公司治理制度设计的成败，很大程度上与经理人薪酬合约设计是否有效，是否把激励做到位密切相关。经理人薪酬合约设计因而成为最重要的公司治理制度设计之一。

读者也许还记得 2020 年联想爆出的高管薪酬争议。联想集团 28 位董事、高级管理人员及核心技术人员平均年薪为 3 335 万人民币，而 CEO 杨元庆年薪更是高达 2 616 万美元，约 1.86 亿人民币。一时间，联想高管的天价薪酬引发了舆论的风暴。

那么，高管究竟拿多少薪酬才算合理呢？

薪酬合约设计原理之显示原理

对经理人薪酬合约设计的讨论，可以先从回顾薪酬制定的历史开始。

在一百多年前的科学管理时代，管理大师弗雷德里克·泰勒（Frederik Taylor）是通过差别计"件"工资的方式为工人制定薪酬的，这就是所谓的计件工资。一个工人计的件越多，挣的工资就越多。但泰勒很快发现，对管理工人的职能工长的薪酬制定就变得不那么容易了。同样从科学管理的思维出发，泰勒对职能工长推行的是计时工资。显然，与计件相比，计时更加容易偷懒。

在实行家庭联产承包责任制之前，中国农村很多地区的集体经济采用的农民工分，本质上就是一种计时工资。一些偷懒的农民早上出现在地头，拿到一天的工分后，就回家睡大觉了。事实上这一问题不仅困扰着泰勒，也长期困扰着公司治理的理论和实践。直到 20 世纪七八十年代，基于现代博弈论的信息经济学发展成熟，上述状况才大为改善。

这应归功于 2007 年诺贝尔经济学奖得主罗杰·梅耶森（Roger Myerson）教授发展的显示原理和 2016 年诺贝尔经济学奖得主本特·霍姆斯特姆（Bengt Holmstrom）教授发展的充分统计量原理和对激励相容原理在薪酬制定实践中的拓展。二者共同构成现代薪酬理论大厦的两块基石。

按照现代薪酬理论，泰勒始终没有想明白的是，曾经担任管理工人职能工长的泰勒与他的老板之间存在"信息不对称"问题。他的老板永远不可能知道一个看上去十分忙碌的职能工长究竟是努力地帮助他监督工人，还是在"干私活"。换言之，职能工长有老板无法得知的"私人信息"。

解决计时工资困惑的关键是，老板需要设法了解职能工长的"私人信息"。这与现代股份公司中，受股东委托的董事会在制定经理人的薪酬时所面临的困惑是一致的。这些董事根本不知道经理人在想什么，甚至在干什么，同样因为这是经理人的私人信息。

而上述董事与经理人之间，一方具有另一方不掌握的"私人信息"，这种信息不对称必然导致经理人的道德风险行为。例如，如果董事会仅仅向经理人发放固定薪酬，经理人至少会选择偷懒来减少自己的努力付出产生的负效用，以此获得更多的剩余价值。经济学把某种行为带给个体不良的感受称为负效用。经理人甚至会利用实际控制权通过内幕交易等方式谋取私人收益，损害外部股东的利益。

十分庆幸的是，梅耶森的显示原理告诉我们，经理人的努力是什么其实不重要，董事会只需要知道他"努力的结果"就够了。换句话说，尽管经理人的努力是经理人的私人信息，不可观察，甚至不可证实，但经理人努力的结果是可证实的。

我们只要找到类似于"努力的结果"这样的"桥梁"，让经理人的薪酬与经理人努力挂钩，一个要想挣得多的经理人自然会十分努力地工作。因为，经理人只有努力付出，在未来获得好的业绩的可能性才会越大，由此挣的薪酬才会越多。将经理人薪酬与业绩这一"努力的结果"挂钩，董事会实现了鼓励经理人付出更多原本观察不到的努力这一激励目的。

这里"努力的结果"就是梅耶森所谓的"直接机制"。对于经理人而言，现实中一个可以被观察同时可以在法律上被证实的好的直接机制就是企业绩效。

显示原理的发展和直接机制概念的提出，使对经理人的薪酬设计变得简单，董事只需要找到好的直接机制，让它与经理人的薪酬挂钩就够了。

回到最开始提到的职能工长的例子，老板不需要时时刻刻提防他是否偷懒，是否在干私活，只要在他监督下的一段时间内，工人生产出数量又多质量又高的产品，他就是合格的职能工长，也就能自然而然地拿到他应得的收入。

薪酬合约设计原理之激励相容原理

找到经理人努力的结果作为直接机制，仅仅解决了经理人薪酬合约设计以什么为基准的问题，并没有解决如何设计的问题。换句话说，虽然我们知道职能工长的薪酬关键是在他的监督下员工的生产成效，但职能工长究竟该拿多少薪酬，我们依然不知道。

因此，经理人薪酬合约设计还需要另外一个重要的思想，那就是激励相容的思想。霍姆斯特姆教授的激励相容原理在薪酬制定实践的拓展中得到了充分体现。

激励相容理论源于博弈论中的纳什均衡、合作共赢的思想。董事会为经理人设计薪酬合约，不能仅仅想到如何使股东的利益最大化，而且还要想到如何实现经理人预期收益的最大化。具体来说，董事会为经理人设计的薪酬要满足两个约束条件。

其一是经理人的参与约束。董事会为经理人设计的薪酬，不能低于经理人接受其他公司聘用可以获得的最低薪酬。这是最基本的约束条件，只有满足这一条件，经理人才会考虑接受聘用。

其二是激励相容约束。董事会为经理人提供的薪酬不仅对股东是最优的，而且对经理人而言，在平衡努力付出的收益和负效用后，也应该是最优的。

概括而言，股东及其委派的董事会应充分地预见到只有向经理人提供足够多的薪酬，才能使经理人付出最大努力。股东（通过董事会）与经理人通过彼此激励相容，实现双方的合作共赢。因此，董事会在为经理人设计薪酬时，不能只关注董事会所服务的股东自身的利益，还要想经理人所想，善待经理人。

最终，经理人从董事会所设计的薪酬合约中，不仅可以得到不低于反映他机会成本的保留效用，而且可以得到使他心甘情愿付出最大程度努力的薪酬。这里的保留效用指的是经理人接受其他公司聘用时可以获得的最低薪酬。

换言之，董事会向经理人支付的薪酬，应该使经理人有激励选择其心甘情愿付出的努力程度。董事会应该充分预见到，只有向经理人提供足够多的薪酬，才能使经理人不去选择偷懒，而是心甘情愿地努力付出。

这意味着，股东始终需要明白：虽然向经理人支付高薪酬，但被激励充分的经理人能为股东创造更多的价值，这对股东而言依然划算。股东（通过董事会）与经理人通过彼此兼顾对方的利益诉求，激励相容，由此实现双方的合作共赢。

在公司治理实践中，对经理人的薪酬合约设计是否有效，往往来自对经理人薪酬与企业绩效之间敏感性的观察。这里的经理人薪酬绩效敏感性指的是股东回报每 1% 的变化，将带来经理人薪酬百分之几的变化。

如果梅耶森教授的显示原理决定了需要将经理人薪酬与绩效挂钩，那么，霍姆斯特姆教授的激励相容原理在薪酬制定实践的拓展中，决定了二者之间需要具有显著的敏感性。

美国经济学家凯文·墨菲（Kevin J. Murphy）的一项研究发现，美国公司股东权益每提高 1 000 美元，CEO 就可以获得 6 美元的激励报酬。这意味着，美国企业绩效与 CEO 薪酬的敏感性为 1 000∶6。

由于经理人薪酬合约在设计本质上是一个揭示经理人私人信息的问题，原则上应该由更容易获得关于企业绩效等直接机制信息的董事会来主导经理人的薪酬设计，这就是为什么很多公司的董事会设有薪酬委员会这一机制。

公司治理的实践 ● ● ● ●

上市公司高管拿多少薪酬才合理

中国电脑巨头——联想集团，一度被誉为"以 CDR（中国存托凭证）形式回归 A 股的中国第一家红筹上市公司"。联想集团在 2021 年国庆长假前的 9 月 30 日，向上海证券交易所递出科创板 IPO 申请。长假结束后，仅过了 1 个交易日，联想集团就于 10 月 8 日宣布撤回申请，匆匆结束了"科创板 1 日游"。

透过联想集团曝光的高管天价薪酬现象，我们需要思考的问题是，上市公司高管拿多少薪酬才算合理。

即使高管持有上市公司的股份，也并不意味着高管不会通过获得超额薪酬的方式来谋取私人收益。从 20 世纪 70 年代现代公司治理研究的开创者詹森和威廉·麦克林（William H. Meckling）开始，公司治理的理论与实践就不断鼓励上市公司应该向经理人推出股权激励计划，以协调经理人与股东之间的利益冲突，"让经理人像股东一样思考"。

尽管这一观点时至今日依然是公司治理理论与实践的主流，但是，哈佛大学教授施莱弗和他的团队基于美国上市公司的一项研究表明，董事的股份与企业绩效并非简单的线性单调关系。他们的研究表明，当董事所拥有的股份从 0 增加到 5% 时，反映企业市场绩效的指标托宾 Q 是上升的；当董事持股在 5% 到 25% 之间时，托宾 Q 是下降的；而当董事持股超过 25% 时，托宾 Q 重新开始上升。基于中国资本市场的很多研究同样表明，公司价值（托宾 Q 等）与控制性股东持股比例之间呈 U 型关系。施莱弗等的研究由此提醒我们，并不是经理人持有一定的股份，就会使股东与经理人的利益协调起来；在一些特定区间，尽管经理人持股，但其依然会追求私人收益，使公司价值，甚至外部股东的利益受到损害。在一些公司中，持股的高管利用其实际控制力，获得的超额薪酬将成为外部分散股东不得不承担的一种特殊代理成本。

尽管理论上存在度量经理人超额薪酬的方法，但它仅仅提供了一种参照，上市公司高管究竟拿多少薪酬才算合理，始终是公司治理理论与实践面临的巨大难题之一。利用上市公司公开可获得数据开展的实证研究表明，存在利用相关理论支持的各种合理因素，回归拟合的高管的"合理回报"的计量分析方法。这一拟合的"合理回报"与高管实际获得的薪酬相减，就可以得到理论上的经理人超额薪酬的度量。但这一方法的潜在问题是，关于哪些因素应该计入高管薪酬合理回报范围内始终存在争议。

对这一问题有启发的一个讨论是关于薪酬绩效敏感性的经济含义。薪酬绩效敏感性指的是企业绩效变换带来的高管薪酬的增加幅度。如果一家公司高管薪酬与企业绩效之间存在显著的敏感性，那么这家公司针对高管设计的薪酬激励是有效的。其理论基础来源于梅耶森教授发展的显示原理与霍姆斯特姆教授发展的充足统计量原理。简单地说，就是一个人的努力是观察不到的，但努力的结果——绩效是可以被观察的，甚至是可以被证实的。将薪酬与绩效挂钩才能更好地激励高管。

墨菲给出美国上市公司的一个经验参考值是，绩效与 CEO 薪酬的敏感度为 1 000 : 6，即股东权益每提高 1 000 美元，则 CEO 可以获得 6 美元的激励报酬。而联想集团 28 位高管获得的高达 3 335.7 万元的平均薪酬，占联想集团税前净利润的 7.7%。

联想集团高管薪酬争议很大程度上源于联想集团并非一个简单的私企，它的第一大股东是持股 30% 的具有准国资性质的中科院旗下的国科控股。这一事实使很多人猜测，联想集团是由于国资"所有者缺位"导致内部人控制问题，进而给高管发放"超额薪酬"的。在西方的公司治理实践中，巴菲特控股的伯克希尔·哈撒韦为处理类似问题提供了一个典范。巴菲特本人只从其持股比例较高的伯克希尔·哈撒韦公司中领取 10 万美金的固定年薪，他的老搭档芒格同样如此。这一做法的合理性，我们猜测是，外部投资者想到巴菲特会利用较高的持股比例，引导董事会和股东大会通过任何有利于巴菲特本人的"合法"薪酬分配并不难，巴菲特为了避免损公肥私的嫌疑和赢得股东对他的信任，主动向股东做出这项令人信服的制度承诺。而这种被我们认为是公司治理最高境界的"股东完全信任",恰恰来自包括上述制度承诺在内的巴菲特奉行多年的"长期主义实践"。巴菲特无疑因此赢得了众多股东的信任,甚至一些股东认为"巴菲特做什么都是对的"。

这里我想提醒读者,即使联想集团高管超额薪酬的制度诱因很大程度是国资参股甚至控股,我们也应该绝对避免采用"一刀切"的限薪手段。历史上,为了减少国有企业高管中一度出现的超额薪酬现象,我们曾两度推出限薪政策。但"一刀切"的限薪手段除了不可避免地导致管理人才的流失外,还会诱发经理人从谋求显性薪酬转向谋求隐性薪酬。而当隐性薪酬遭受政府强力反腐不可得时,国有企业高管的各种懒政、庸政和惰政问题就会纷至沓来。为了解决国有企业高管的"不作为"问题,我们目前积极推进的国企混改的一个目标就是建立高管市场化的薪酬体系。从"一刀切"的限薪手段中,我们已经得到了足够的教训。

如何把历史上的补偿不足和现在也许存在的过度补偿有效地平衡起来,也许才是解决类似于联想集团高管薪酬争议的现实途径。

一个无法回避的事实是,包括联想集团在内的很多由国有企业改制而来的企业,其企业家价值的市场定价机制是扭曲的。长期以来受到种种政策限制,企业家应得的合理报酬未能"合法地"获得。改制初步完成后,在一些尚未建立规范制衡的治理构架的企业中，看起来不尽"合理"的高管超额薪酬，却以董事会提议、股东大会表决通过这一"合法"的方式发放。如果现在一些企业向高管发放超额薪酬"合法但不合理"，那么，我们以前向这些优秀企业家发放与贡献不匹配的薪酬，则是另外一种"合法但不合理"。作为一个公司治理学者，我一直期待，中国的企业能真正建立起类似于伯克希尔·哈撒韦那样权利与义务对称的薪酬体系和企业家价值定价机制。

应该说，格力电器的股改为解决上述联想集团的问题提供了可能的思路。鉴于国资"所有者缺位"的事实，格力电器原大股东格力集团往往难以阻止管理团队提出的任何向自身发出的"可能不尽合理"的超额薪酬的议案。格力集团于 2019 年在格力股份股价合理的区间，选择出让部分股份。这样做的客观效果是，除了通过出让直接套现 400 多亿外，格力集团从原来承担主要监督责任的大股东（持股 18%），变成了"搭便车"的财务投资者（持股仅 3%）。而未来董明珠团队给自己发多少薪酬，则很大程度上取决于与其有限合伙人高瓴资本的协商和谅解。这在经济学上称为"外部性"内在化。理论上，我们并不排除的可能性是持股的董明珠，未来为了赢得股东对她的绝对信任，会像巴菲特一样宣布仅仅拿一个固定薪酬，甚至零薪酬。

第 12 章

如何为经理人制定薪酬

TRADEOFF

The Principles of
Corporate Governance

经理人全部薪酬的构成

我们可以把经理人的全部薪酬分成几部分。

第一部分是基薪部分。这部分薪酬是与经理人职位相联系的固定报酬部分，在最初确定后将长期保持相对稳定。这成为经理人每一工作年度所取得的基本收入。

第二部分是年度奖金。这部分收入是根据董事会每年设定的业绩目标和奖励标准，向经理人发放的奖金。年度奖金本质上是一种以会计年度为考核单位的短期激励。

第三部分是被称为中长期激励的与股票价格挂钩的各种股权激励计划。

股权激励计划将经理人利益与股东的利益牢牢绑在一起，像为经理人戴上一副纯金打造、量身定制的"手铐"一样，也因此获得"金手铐"的美誉。世界上最早的股权激励计划实践是明清时期晋商的票号中出银股的"财东"向"掌柜"授予的身股。除了前面讨论的基薪、年度奖金和股权激励计划，经理人所享有的福利和津贴同样是经理人全部薪酬中的重要内容。

从股票期权到限制性股票

在众多的股权激励计划中，常用的是股票期权和限制性股票。基于美国公众公司的大量经验观察表明，经理人薪酬与企业绩效的敏感性大幅度的增加来自经理人的股权与期权激励，股权激励计划由此成为经理人努力补偿的重要手段。

股票期权或限制性股票指的是，作为激励对象的公司高管和技术骨干以预先约定的价格购买公司定向发售的股票期权或股票本身，同时承诺在持有一段时间后才能行权或禁售期结束才能出售股票。

股权激励计划有以下优点。

- 无论股票期权还是限制性股票本身，经理人努力付出下的公司股票价格的上涨将为经理人带来稳定的预期回报，

　　由此构成经理人努力工作的长期激励之一。

● 与年度奖金和基薪相比，无论股票期权还是限制性股票，只是一张空头支票，不涉及现金薪酬的支付。这一点对于处于初创阶段、缺乏稳定现金流的企业尤为重要。

● 作为"滞后的补偿"，股权行权时机和股票出售时机选择可以在税收筹划后进行，由此可以为企业和经理人带来税收的优惠。

　　值得注意的是，股权激励计划并非想象的那样完美无缺，同样需要我们在经理人薪酬实践中不断完善。一些股票期权所依据的股票的市值变化并非公司真实的业绩反映，而是经理人在行权前盈余管理和利润操纵的结果。

　　作为高能的激励手段，股票期权甚至诱使经理人在行权前制造假账，这一定程度上成为 2001 年安然、全球通信等会计丑闻爆发的制度诱因之一。美国 2008 年次贷危机引发的全球金融风暴固然与金融工具创新过度有关，但同样与受到高能股权激励计划诱惑，投行经理铤而走险，失去对风险的合理控制有关。

　　以安然事件等会计丑闻的爆发为分水岭，股票期权的使用至少在美国进入了低谷。美国经济学家罗伯特·霍尔（Robert Hall）和墨菲的一项研究表明，在美国安然会计丑闻爆发后，标普 500 企业向高管支付的股票期权从 2000 年的 1 190 亿美元一度下滑到 2002 年的 710 亿美元。

股票期权设计往往与股票价格挂钩，导致经理人有动机在行权日通过市值管理操纵股价，相比之下，限制性股票则更多与长期绩效指标的考核联系在一起，因而在薪酬实践中更加受到青睐。

我们以四川路桥建设股份有限公司（以下简称四川路桥）的限制性股票激励计划为例，简单了解如何设计限制性股票。

四川路桥于 2019 年 11 月 12 日发布 2019 年限制性股票激励计划，向激励对象授予不超过 1.08 亿股限制性股票，约占公司股本总额的 2.99%。其中首次授予不超过 1 亿股，占授予总量的 92.59%，预留授予不超过 800 万股。

首次授予的限制性股票的价格为 1.96 元/股，涉及的激励对象不超过 1 000 人。激励对象具体包括公司董事、高级管理人员、中层管理人员、核心技术和业务人员等。限售期为自激励对象获授限制性股票之日起 24 个月内。限售期满且业绩条件达标时，将在未来 36 个月内分 3 批解除限售，解除限售的比例分别为 40%、30%、30%。

第一个限售期解除的业绩考核条件是，2020 年每股收益高于 0.3506 元，且不低于同行业平均业绩。以 2018 年业绩为基数，2020 年营业收入复合增长率高于 8.5%，且不低于同行业平均业绩。2020 年主营业务利润率高于 6%。所以，四川路桥的限制性股票激励计划很好地贯彻了该类激励计划设计的若干原则。

第一，获得有偿。

值得关注的是，近年来出现了一些"零成本"推出员工持股计划的上市公司。在这类员工持股计划中，除开户费、手续费及有关税费等所需费用外，员工无须支付其他费用。股份来源则往往为公司此前回购的股票。统计表明，截至 2022 年 2 月，在 A 股公告推行"零成本"员工持股计划的上市公司中 19 家已经实施。此外，还有不少企业推出 1 元 / 股这种被媒体形象地称为"骨折价"的员工持股计划。

深圳证券交易所曾对这一现象发问询函，其中提到，"零成本是否符合《关于上市公司实施员工持股计划试点的指导意见》中'盈亏自负，风险自担，与其他投资者权益平等'的基本原则，是否存在向特定对象利益输送的情形，是否损害公司及股东的利益"。

其实，除了涉及对其他股东权益是否公平的问题，这里还有一个责任与权益对称的问题。实施员工持股计划，是为了让员工像股东那样，在未来能以某种方式，为其所享有的权益承担相应的责任。如果太容易得到，往往不会珍惜，未来道德风险倾向就较强。科创板一家推出"零成本 + 零考核"的员工持股计划的企业，受到监管当局的问询后，将认购成本从原来的每股 0 元修改为每股 10 元。

第二，授予对象有限。

普惠的员工持股计划看起来受益的人很多，但真正关心企业发展的人很少，相互"搭便车"行为严重，成为变相的"大锅饭"。通常，一项员工持股计划受益者越多，相互"搭便车"的行为就越多，激励效果就越差。

例如，国企改制历史上一度推行的职工股份合作制。由于授予对象广泛，大家相互搭国家和集体的便车，再加上员工零成本付出，道德风险倾向强，职工股份合作制并没有实现预期的激励国企员工的目的，最终以失败告终。

第三，解除限售期条件限制合理。

四川路桥的限售期是"24+36"个月，形成了一定的时间跨度，引导激励对象从短期主义转为长期主义。另外，解除限售期的业绩条件以自身过往和同行业的平均业绩作为参照，能起到良好的激励作用。

需要说明的是，员工持股计划推出背后的动机可能非常复杂，对此我们也要有充分的认识。除了激励本身，员工持股计划有时候还会成为大股东强化公司控制、高管建立个人权威和提高个人声誉、公司稳定股价的市值管理手段。因此，公司治理实践既存在激励型员工持股计划，也存在防御型、高管自利型和市值管理型员工持股计划。通过员工持股计划实施激励的初衷是好的，但是如果规则设计、实施环节设置不当，可能导致激励扭曲，无法达到预期的激励目的。除了股票期权、限制性股票，股权激励计划还包括股票奖励、有股无权的影子股票以及股票升值权等。

中国一些没有上市或尚未推出股权激励计划的国有企业薪酬实践，还存在一种 3 年后发放的任期奖励制度。在设计理念上，上述实践一定程度上借鉴了股权激励计划设计中的长期激励思想，避免了年度奖金短期激励带来的追求短期行为的激励扭曲后果。中国于 2013 年启动的新一轮国企混改，推出类似性质的员工持股计划成为国企混改的标配。

公司治理的实践

独立董事薪酬设计的复杂性

在公司治理实践中，作为代理冲突主体的经理人，其薪酬设计问题往往受到了更多的关注。例如，经理人是否存在超额薪酬问题？监管当局颁布的"限薪令"执行效果如何？在国企混改中如何设计经理人股权激励计划方案？等等。2018 年，万科为独立董事加薪一事之所以引起媒体和公众的广泛关注，除了它是目前为数不多的独立董事薪酬设计案例外，还与独立董事薪酬设计的繁杂性使评论各方难以形成一致认识有关。

与经过理论和实践长期发展，相对成熟的经理人薪酬设计相比，同样是董事会成员的独立董事薪酬设计则复杂得多。在我看来，独立董事薪酬设计的复杂性至少体现在以下几个方面。

第一，与经理人薪酬制定的评价标准——企业绩效相比，独立董事的"绩效"更难衡量。

在公司治理实践中，用来评价经理人努力程度的、与经理人薪酬直接挂钩的，是被统称为企业绩效的各类指标。它既包括总资产收益率、净资产收益率等各种会计绩效指标，又包括市值账面价值比和托宾 Q 等各种市场绩效指标。相关指标还需要经过外部聘请的会计师事务所出具独立审计报告，并按照信息披露制度及时向投资者进行信息披露。

之所以可以这样做，是因为经理人创造利润是其十分明确甚至单一的责任和目标。而对于独立董事，其"绩效"评价更复杂，也更难。理论上，独立董事需要履行战略咨询和监督管理两项最基本的职责。战略咨询这种"顾得上问，顾不上不问"的顾问角色，是很难严格进行绩效评估的。而在监督职能的履行上，独立董事需要在关联交易、股权质押、资金占用、贷款担保等方面出具独立意见。

良好的监督往往表现为一个负责任的独立董事对董事会相关涉嫌有损中小股东利益的关联交易的议案说"不"。冒着被逆淘汰的风险说"不"，被认为是独立董事履行监督职能的重要和基本的实现途径。然而，我们显然不能基于此来为独立董事制定薪酬：一个独立董事说"不"越多，他的薪酬便越高。当然，我们有理由认为，企业之所以能取得好的业绩，是包括独立董事在内的全体董事努力的结果。由于万科集团近年来良好的业绩表现，内部董事薪酬增加了，为什么同样是董事会成员的独立董事的薪酬就不应该增加呢？

第二，与需要严格履行忠诚义务和勤勉义务的经理人相比，独立董事工作只是兼职性质的，独立董事重要的激励来源是出于对其职业声誉的考虑。

独立董事往往来自公司外部，利益中立，同时具有兼职性质。上述这些特征往往使得独立董事不存在生存压力的问题，因而挑战董事会决议的成本比内部董事低得多。独立董事制度由此被认为是保护外部分散股东利益，对抗内部人控制的重要公司治理制度，在各国公司治理实践中被普遍采用。

现在流行的董事会组织实践是除了 CEO 外，其他多为甚至全部为独立（外部）董事。担任独立董事的往往是其他公司的高管、律师和会计师事务所的执业律师和会计师，以及相关专业的大学教授。这些成为独立董事的社会精英，他们更加看重的是职业声誉，独立董事带来的相对微薄的津贴并不十分重要。

这一因素增强了独立董事薪酬设计环节的复杂性。一方面，这些社会精英参与本公司治理所付出的高额机会成本，决定了独立董事薪酬不能太低；另一方面，鉴于声誉激励可以成为薪酬激励的替代，从节省公司成本的角度出发，可以适当降低独立董事薪酬。如何在薪酬激励和声誉激励之间取得平衡，更多依赖前者还是后者，是探索独立董事薪酬设计过程中值得探讨和观察的重要议题之一。

第三，独立董事薪酬设计应该由董事会主导还是股东大会主导？在经理人薪酬设计问题上，由谁主导薪酬设计是十分明确的。

董事会的重要职能是代表股东监督经理人，因此，很多公司的董事会设有薪酬和考核的专业委员会，来负责经理人的绩效考核和薪酬制定。而这在独立董事薪酬设计上同样复杂得多。我们知道，董事会薪酬委员会往往需要独立董事参与，独立董事甚至会成为召集人或主席。曾经出现的经理人超额薪酬问题，就是由拥有提名招聘权力的经理人，利用该权力影响可以控制的董事，变相地"自己给自己发放薪酬"引起的。因此，由董事会负责独立董事薪酬制定，势必会遭到类似"自己为自己制定薪酬"的指责。

解决这一问题事实上需要探本溯源：独立董事履行职责究竟是在保护谁的权益？理论上，独立董事公司治理角色的设立是为了对抗具有道德风险倾向的经理人和存在掏空动机的大股东，以保护外部分散中小股东的利益。因而，有经理人参与、大股东可以利用控制权委派董事的董事会，甚至大股东本人，都不适合参与独立董事薪酬的制定。

理想的独立董事薪酬设计的主导者是外部分散中小股东。根据独立董事在董事会议案评议监督过程中的履职情况，外部分散股东提出独立董事薪酬设计的股东议案，提交股东大会讨论通过。但现实中，消极被动的中小股东在公司治理事务中的"搭便车"倾向，使得鲜有中小股东会站出来提出相关议案。于是万科在独立董事薪酬制定案例中出现了十分尴尬的一幕。

如果独立董事薪酬确实需要调整，最应该由外部分散中小股东在股东大会上提出相关议案。但由于小股东的"搭便车"倾向，这一议案被迫由有经理人参与和大股东发挥影响力的董事会提出。而一旦由董事会提出该议案，则意味着作为被监督一方的经理人和大股东，提议增加作为监督者一方独立董事的薪酬，难免引发外界猜测万科有"讨好"监督者的嫌疑。这事实上也是这次万科独立董事薪酬调整备受争议的原因所在。

事实上，在公司治理理论和实践中，如何激励独立董事与如何激励经理人本身一样，都是十分重要的公司治理议题。一个良好的公司治理构架不仅应该解决如何为经理人设计薪酬的问题，还要解决"为经理人设计薪酬"的独立董事自身的薪酬设计问题。

超越固化范式，
打造最有价值的公司

TRADEOFF

**The Principles of
Corporate Governance**

从荷兰东印度公司成立开始，从伯勒和米恩斯于 1932 年提出现代公司治理问题至今，现代股份公司经过 500 多年的治理实践发展，以及近 100 年的公司治理理论研究，如今各国公司治理范式普遍出现了一种"固化"的趋势。

公司治理范式固化的原因

我们以破产重整的海航为例，来揭示公司治理范式是如何固化的。

首先，强调"股东作为公司治理的权威"，用股权至上原则简单代替制度设计责任与权利匹配原则。

在哈特教授发展的现代产权理论进一步为"股东成为公司治理的权威"提供理论基础后，"股权至上"逐步被奉为公司治理理论与实践不可动摇的"圭臬"。

按照海航 2017 年 7 月公开披露的信息，海航由海南省慈航公益基金会（52.25%）、12 名自然人（47.50%）以及海南航空控股股份有限公司（0.25%）拥有。其中，12 名自然人均为海航集团创始人、高管、董事，董事局主席陈峰、董事长王健分别持股 14.98%，为最大自然人股东。

无论改制前的国资，还是后来作为过渡的工会，进而到现在的基金会，海航的控股股东始终是虚化的主体，而非盈利动机明确强烈、有能力和责任承担经营风险的民资背景的战略投资者。上述虚化的控股股东显然无法形成制衡的股权结构，不可避免地造成少数高管对集团经营管理事务的实际操纵，形成内部人控制的格局。由于缺乏制衡的公司治理制度安排和潜在的自动纠错机制，当这些最终决策的内部人能够保持理性自觉时，海航是能够步入平稳发展的轨道，从而快速发展的，而一旦这些内部人失去基本理智和正确判断，那么，没有人能够阻止海航走向破产。而基金会持股，甚至工会持股事实上成为少数公司高管瞒天过海，实现内部人控制的潜在手段。

其次，强调"董事会是公司治理的核心"，用董事会中心代替对股东权益的保护。

董事会把提供资本的股东和使用这些资本创造价值的经理人联结起来，成为协调二者之间利益冲突的重要机制，因而董事会被认为是市场经济中公司治理的核心。或者出于对未能履职将承担法律处罚风险的畏惧，或者出于对自身声誉损失的担心，或者兼而有之，来自公司外部、兼职性质且挑战成本较低的独立董事，与内部董事相比，更有可能在有损股东利益的董事会议案中出具否定性意见。独立董事由此被认为是"董事会组织制度建设的关键"。

然而，在海航严重的内部人控制问题下，股东大会、董事会等形同虚设。在号称"除了生产避孕套的企业没有收购"，一路"买买买"的年度，海航甚至有长达一年半的时间没有召开过董事会。海航控股为关联公司提供的超过 80 笔的担保款项，是股东和关联方在未经公司董事会、股东大会审议同意的情况下，擅自以公司的名义提供的担保。

最后，股权激励计划滥用，扭曲了股权激励计划是将股东与经理人利益捆绑在一起的本意。

海航不仅把股权激励计划作为激励经理人的重要手段，而且像欧美国家的一些公司一样，使股权激励计划下的经理人成为公司较大的股东。陈峰和王健所持有的 14.98% 股份就是海航推行股权激励计划的结果。

类似海航公司治理范式固化的结果是，所有上市的公众公司一定会设立股东大会、董事会等治理机构，董事会甚至会聘请不低于一定比例的独立董事，各种股权激励计划层出不穷。

然而，这些看起来一应俱全的公司，其治理机构与相应的治理制度似乎并没有发挥预期的作用。这就类似于，尽管存在市场，进而存在价格机制这只所谓"看不见的手"，但由于垄断、外部性存在、公共品提供和信息不对称等原因，市场不能实现资源的有效配置，会出现"市场失灵"的情况。

公司治理不变的"治理逻辑"

公司治理有哪些超越固化范式本身的不变的"治理逻辑"呢？我们以巴菲特控股的伯克希尔·哈撒韦为例，来揭示公司治理实践的另类是如何努力践行公司治理不变的逻辑，成为一家好公司的。

首先，权利与义务匹配的原则。

在公司治理实践中盛行的股东中心主义显然并非由于"资本的力量""资本的稀缺"甚至"资本的邪恶"，而是由于股东权利与义务匹配有助于减少"收益自己享有，成本与人分担"的外部性以及由此带来的道德风险倾向等激励扭曲。

与股东中心主义和股权至上原则相比，公司治理制度设计应该遵循的更加普适的原则是隐藏在股东中心主义背后的"权利与义务对称的原则"。在海航，无论工会还是基金会控股，都是"虚化主体"，无法从根本上改变"所有者缺位"问题，这是滋生内部人控制问题的制度基础。

而在伯克希尔·哈撒韦，巴菲特虽然长期持有 248 734 股 A 类普通股，占 A 类普通股总数的 38.8%，同时持有 10 188 股 B 类普通股，总受益权为 16.2%，投票权为 32.1%，伯克希尔·哈撒韦的股东紧紧地绑在了一起。巴菲特就是伯克希尔·哈撒韦，伯克希尔·哈撒韦就是巴菲特。

正如巴菲特本人所言，管理团队只有把股东的钱和自己的钱同等对待，把自己的财富和公司业务绑定在一起，才会对任何可能会大幅损害公司利益的事情保持警惕。

这对于国企混改的启发是：只有引入盈利动机明确，同时能够为做出错误决策以出资入股承担责任的民资背景的战略投资者，才能真正解决国有企业普遍面临的所有者缺位问题，形成制衡的股权构架，切实推动国有企业经营机制转换，才能真正实现国企混改的目的。

其次，激励相容原则。

现代股份公司一方面需要依靠股东提供资本，分担风险，另一方面则需要经理人经营资本来实现社会化大生产以创造财富。

股东通过投资现代股份公司，分担风险，获得投资回报，而职业经理人通过经营股东提供的资本，获得股东对人力资本价值的认同和人力资本投资的补偿。

因而，在现代股份公司的制度框架下，股东与经理人实现了"合作共赢"。股权激励计划设计的核心理念就是将经理人的利益与股东的利益捆绑在一起，使"经理人像股东一样思考"。

以伯克希尔·哈撒韦为例，巴菲特较大比例的投入以十分自然的方式完成了现代股份公司为激励经理人推出的股权激励计划，双方实现了"合作共赢"。

激励相容的原则不仅仅体现在经理人薪酬合约设计上。事实上，如何让现代股份公司中的职业经理人，从短期雇佣合约性质的"打工仔"，转变为长期合作性质的"合伙人"，始终是公司治理制度创新中十分重要的思考方向。在1996年致股东的信中，巴菲特提到"尽管我们的形式是法人组织，但我们的经营理念却是合伙制"。

阿里巴巴的"合伙人制度"是成功将短期雇佣合约转化为长期合伙合约的公司治理制度创新的典范。"长期合伙合约"下的阿里巴巴合伙人成为阿里巴巴"不变的董事长"或者说"董事会中的董事会"，形成了"铁打的经理人，铁打的股东"。

最后，治理成本收益权衡的原则。

公司治理制度的建立是一家现代企业组织所预期的完善治理结构、缓减代理问题所带来的收益，与公司治理制度建立和运行成本之间的权衡和折中。

现代股份公司，不仅依赖经理人激励合约设计、董事会监督等内部治理机制，还需要依靠法律环境、媒体、接管威胁甚至市场做空力量等外部治理机制。

而业务活动相对单纯的证券投资基金，借助有限合伙投资协议这一内部治理机制，和基于基金排名建立的证券投资基金声誉这一外部治理机制，就能够完成基础的公司治理构架。这就是董事会为什么会在同样面对代理冲突的证券投资基金的治理构架中缺席。

证券投资基金的治理制度设计给我们的启发是，作为现代股份公司治理核心的董事会，也许并非所有现代企业组织所必需的。

如果经理人激励合约设计能够解决一家现代企业组织所面临的大部分代理问题，就没有必要付出高昂的成本聘请独立董事、组成董事会。设立董事会只是一个追求利益最大化的企业可能做出的选择之一。

同样，伯克希尔·哈撒韦激励巴菲特并不依靠薪酬合约设计，也并不指望外部董事在监督过程中发挥重要作用。由于领会了合伙这一"激励相容"治理原则的精髓，在巴菲特看来，设计复杂的经理人薪酬合约和类似于安然董事会那样的全明星阵容，纯粹是浪费股东的投资。

更重要的是，巴菲特所坚守的长期主义为他在伯克希尔·哈撒韦股东中赢得了极高的声誉和极大的信任，很多股东毫无保留地相信"巴菲特总是对的"。巴菲特所坚守的长期主义包括但不限于：总部只有区区二十几人；伯克希尔·哈撒韦没有独立的奢华的办公大楼，只是在处于美国中部非常偏僻的奥巴哈市的基维广场大厦中租了半层楼做办公室，而且一租就是 50 多年；巴菲特只从伯克希尔·哈撒韦领取 10 万美元的年薪。

在我看来，公司治理的最高境界就是股东毫无保留的信任。这是很多希望实现资本安全的投资者和负责日常经营管理的管理团队都"心向往之"的，但实现起来困难重重，我们不得不耗费大量成本，引入各种治理制度和文化，对代理人进行制衡和约束。

因此，尽管每家好公司的公司治理制度设计得不尽相同，但它们都有一个共同特征：都在治理实践中，无意间契合和默默遵循了上述基本的公司治理逻辑。从伯克希尔·哈撒韦的案例，我们再次深切感受到，好公司一定是精心设计出来的，不是靠刻意模仿甚至"抄作业"就能做到的。

未来，属于终身学习者

我们正在亲历前所未有的变革——互联网改变了信息传递的方式，指数级技术快速发展并颠覆商业世界，人工智能正在侵占越来越多的人类领地。

面对这些变化，我们需要问自己：未来需要什么样的人才？

答案是，成为终身学习者。终身学习意味着具备全面的知识结构、强大的逻辑思考能力和敏锐的感知力。这是一套能够在不断变化中随时重建、更新认知体系的能力。阅读，无疑是帮助我们整合这些能力的最佳途径。

在充满不确定性的时代，答案并不总是简单地出现在书本之中。"读万卷书"不仅要亲自阅读、广泛阅读，也需要我们深入探索好书的内部世界，让知识不再局限于书本之中。

湛庐阅读 App: 与最聪明的人共同进化

我们现在推出全新的湛庐阅读 App，它将成为您在书本之外，践行终身学习的场所。

- 不用考虑"读什么"。这里汇集了湛庐所有纸质书、电子书、有声书和各种阅读服务。
- 可以学习"怎么读"。我们提供包括课程、精读班和讲书在内的全方位阅读解决方案。
- 谁来领读？您能最先了解到作者、译者、专家等大咖的前沿洞见，他们是高质量思想的源泉。
- 与谁共读？您将加入到优秀的读者和终身学习者的行列，他们对阅读和学习具有持久的热情和源源不断的动力。

在湛庐阅读 App 首页，编辑为您精选了经典书目和优质音视频内容，每天早、中、晚更新，满足您不间断的阅读需求。

【特别专题】【主题书单】【人物特写】等原创专栏，提供专业、深度的解读和选书参考，回应社会议题，是您了解湛庐近千位重要作者思想的独家渠道。

在每本图书的详情页，您将通过深度导读栏目【专家视点】【深度访谈】和【书评】读懂、读透一本好书。

通过这个不设限的学习平台，您在任何时间、任何地点都能获得有价值的思想，并通过阅读实现终身学习。我们邀您共建一个与最聪明的人共同进化的社区，使其成为先进思想交汇的聚集地，这正是我们的使命和价值所在。

CHEERS

湛庐阅读 App
使用指南

读什么
- 纸质书
- 电子书
- 有声书

与谁共读
- 主题书单
- 特别专题
- 人物特写
- 日更专栏
- 编辑推荐

怎么读
- 课程
- 精读班
- 讲书
- 测一测
- 参考文献
- 图片资料

谁来领读
- 专家视点
- 深度访谈
- 书评
- 精彩视频

HERE COMES EVERYBODY

下载湛庐阅读 App
一站获取阅读服务

图书在版编目（ＣＩＰ）数据

好公司都是设计出来的 / 郑志刚著. -- 杭州 ： 浙江教育出版社，2023.9
ISBN 978-7-5722-6487-0

Ⅰ．①好… Ⅱ．①郑… Ⅲ．①企业管理—研究 Ⅳ．①F272

中国国家版本馆CIP数据核字(2023)第157186号

上架指导：商业管理

好公司都是设计出来的
HAOGONGSI DOUSHI SHEJI CHULAI DE

郑志刚 著

责任编辑： 刘姗姗

美术编辑： 韩　波

责任校对： 胡凯莉

责任印务： 陈　沁

封面设计： 张志浩

出版发行： 浙江教育出版社（杭州市天目山路40号）

印　　刷： 石家庄继文印刷有限公司

开　　本： 710mm ×965mm 1/16

印　　张： 16.25　　　　　　　　　　**字　　数：** 175 千字

版　　次： 2023 年 9 月第 1 版　　　　**印　　次：** 2023 年 9 月第 1 次印刷

书　　号： ISBN 978-7-5722-6487-0　　**定　　价：** 99.90 元